江戸の岡場所

非合法〈隠売女〉の世界

渡辺憲司

星海社

255

SEIKAISHA SHINSHO

吉原中心の遊郭史は、権力者側からの視点だ。吉原の豪奢な遊びがなくなれば、世間はそれを遊里文化の衰退とよんだ。吉原の成立は、集権政治体制の一環であり、都市振興を第一義的に先行させた経済体制の結果である。それは商業主義の飛躍的拡大にともなう武士社会の道徳倫理の喪失にもつながった。

江戸外神田御成道の古本屋須藤由蔵が書き残した『藤岡屋日記』には、文政八年（一八二五）に旗本太田波之丞ら一統が隠売女稼ぎに加担したと記されている。江戸文化の爛熟期とでもいうべき文化文政時代を支えたのは、階層下落に陥った武士たちに代わった庶民であった。

管理売春総師の名を権力に与えられた吉原は、江戸文化の発信源とよばれ、小説・物語、浮世絵や歌舞伎の世界で華やかなスポットを浴び続けた。甘美な情緒や独特の文化に人々は幻惑された。ことに太夫とよばれた高位の遊女との交際は、高級社交場として多くの人の憧憬の対象となった。

一方で、江戸の盛り場の至るところに根を張り庶民の支持を受け、独特の文化土壌を育んだのが、吉原以外の買売春地域〈岡場所〉である。岡場所は、庶民ことに町人階級の法に背（そむ）く自立的覚悟の上に成り立っていた。その岡場所に対し、権力者と同調する者たちは蔑みの視線を向けた。岡場所の歴史は闇の遊里裏面史といっていいかもしれない。しかしそこに吉原を凌駕するかのごとき文化的土壌が醸成されたことも事実である。

大正二年、江戸風俗研究の牽引者である朝倉無声は「岡場所研究」序説（注1）で、吉原研究の進展に比べて岡場所研究が遅れているとした上で、「一體江戸時代に於ける岡場所の全盛は、或る時期には吉原にも勝つた程で、また其風俗や流行やが、江戸市民に影響をおよぼしたことは吉原のそれよりも遥かに深大であった」と、岡場所の重要性を述べる。

岡場所に息づいた悲惨な歴史と文化は、江戸趣味の好事家や江戸文化研究者たちの手によって紹介されて来たが、近年では、塚田孝氏・吉田伸之氏らを中心とした歴史研究者により、近世都市社会の構造的特質を踏まえた遊郭社会という包括的概念のもと、岡場所についても意欲的に言及され（注2）、女性史研究者の先進的論考も根底からの遊里史の見直しを行っている。二〇二〇年一〇月の国立歴史民俗博物館での企画展示「性差（ジェンダー）の日本史」

の意欲的な取り組みも遊里史研究者に大きな刺激を与えた。それらの多くは吉原に向けられたものであるが、おそらく今後は岡場所にもさらに新たな視野が展開されるであろうことは疑いない。

それらの研究に対し十分な咀嚼を行っていないが、自分なりに岡場所研究入門書を書き、今までの研究の間隙を埋めることが出来ればと思った。

吉原を、遊里文化のメインカルチャーであるとすると、岡場所はサブカルチャーでもある。本書は江戸時代の非公認の買売春地域である岡場所の歴史を視座の中核にすえたものである。許されざる世界、非合法の岡場所で生きた女性たちへの鎮魂の思いもある。

岡場所の中でも最下層の夜鷹とよばれた女性たちは、性病に罹患した悲惨な状況を作品に描かれ、世間から嘲笑を浴びせられたごとくである。しかし、一方で彼女たちを主役とした作品も残り、戯作的反骨精神も生まれた。日本文学のうえで畸形的作品群ともいうべき洒落本史の嚆矢とされる『跖婦人伝』（宝暦三年刊　一七五三）は、大衆からの吉原への挑戦状といってもいい作品である。葛飾北斎は「夜鷹図」で彼女たちの後姿に悲哀美を描き、喜多川歌麿は、吉原（花）と対峙して、岡場所「深川の雪」を描いた。

幕末、吉原の二倍の売上金を計上したという岡場所の雄深川に、江戸文化の精髄ともいうべき「粋（いき）と婀娜（あだ）」といった美学が生まれたことはいうまでもあるまい。

〈恋に上下無し〉と性の平等を嘯（うそぶ）いた神道家増穂残口（ますほざんこう）は、『艶道通鑑（えんどうつがん）』（正徳五年刊　一七一五）で、吉原の太夫を桜に、岡場所最下層の隠売女惣嫁（そうか）（夜鷹）を紫陽花（あじさい）に喩えた。季節に遅れ路上にいつまでも枯れ残る紫陽花を残花と見るか残滓と見るか……。紫陽花は岡場所の女性たちに似ている。江戸時代の法律用語である隠売女（「かくしばいじょ」「かくしばいた」などとよぶ）を、近代の倫理は淫らな淫売（いんばい）女と差別的な字をあてた。淫売の初出は、明治時代以降である。貧困故に悲惨な人生を歩む夜鷹を「不義にして義あり、不道にして道あり」と憐れんだのは、元禄期の色道の大成者藤本箕山（きざん）である。本書により岡場所の女性に石を投げた近代の倫理を照射する一歩としたいとも思った。

別記：文書類および洒落本などの作品からの引用は出来るだけ、原文の味わいを残したが、一部漢字をあて読解に便宜を図った。振り仮名も現代仮名遣いで行ったものもある。原文からの引用は原則として「　」に記し、大略を現代語に訳した部分は、〈　〉に記した。また適宜（　）で注記した。また、原漢文の返り点、レ点などは、読み下して読みやすいように配慮した。

目次

第二章　岡場所黙認の時代　33

第三章　岡場所禁圧の時代　63

第四章　岡場所活況の時代　その一　89

第五章　岡場所活況の時代　その二　117

第六章 深川雑考 157

第七章 遊里品川

地図／ジェオ

本書で引用した参考資料の中には現在では人権上不適切と思われる表現があります。これらは現在では使用すべきではありませんが、江戸時代には社会全体としてこのような言葉、表現が一般的に使われていました。差別助長の意図では使用しておらず、引用文は原文のままとしています。（編集部）

第一章

岡場所とは

岡場所の意味

岡場所は、幕府公認、官許の吉原に対して吉原以外の非公認・黙認の遊里のすべてをいう。

品川・千住・内藤新宿・板橋の四宿は、準官許で飯盛女を置くことが許されたので、岡場所から除くといった考え方もあるが、そこにいた遊女の多くは、黙認の形が多く生活実態も岡場所と同様であったと考える場合が多い。本書でも、四宿は岡場所として扱った。

江戸の吉原以外、つまり吉原の外（ほか）・他（ほか）場所、岡目八目の岡と同じく局外の意である。上方では大坂新町・京島原を廓（くるわ）とよび、それ以外の遊里を「島」（江戸の岡場所）とよぶ。

傍（おか）、わきの意味から転じたという説もある。「かくれざと」「かくしまち」などといった言い方もある。川柳などでは、語調を合わせ「岡場」ともいう。「岡」と略しても使う。「外場所」といった表記もある。本稿では、遊女という呼称を、岡場所の女性たちにも用いているが、〈岡場所女郎〉といった言い方もよく使われる。幕府の公文書で常用されるのは、〈隠売女〉あるいは〈売女〉である。密娼という言い方もある。遊女を吉原に限って用い、岡場所は売女という表現を使うべきだという主張もある。

吉原の遊女を公娼といい、岡場所の女性たちを私娼とよぶ。『深川新話』（安永八年刊　一七七九）には、「岡場所の公界しらず」といった表現がある。岡場所の女性は世間の習慣を知らないというのだが、ここには〈公〉の世界を知らないという意味も含み、公的世界が岡場所を見下しているニュアンスがある。岡場所の遊女は、客から見ると吉原育ちの遊女のように、〈公界〉のしきたりをわきまえていない、つまり「世間知らず」などと呼ばれているのである。

『醒睡笑』巻二（元和九年序　一六二三）には老父が息子に、「汝がやうなる公界知らずには、ちと仕付を教へん」などといった語例もある。ここは世間知らずといった解釈で間違いはないのであるが、あらたまった「公的」な場所といったニュアンスも感じられる。同じく、『醒睡笑』巻一には、舅が婿に語る言葉で、「今までは公界むきのよし、この後は随をいだいてあそばれ候へ」とある。この場合は、かたぐるしい生活からもっと気まま「気随に」生活してよいという語例だ。公界の反意は、気まま、勝手にということにもなるようだ。

　気まま、勝手は〈自由〉と言い換えられるかもしれない。もちろん、江戸時代に人権に対する思想的意識はない。明治以降の自由とはまったく異なった用語であることはいうまでもない。しかし〈自由〉の語は、江戸時代から使われていた言葉である。『色道大鏡』巻十三（貞享五年以降成 一六八八）では、下関の遊女町稲荷町の動向に触れ、「公儀前傾城の数七十人とさだむ」として、天神らの遊女の値段付けを記した後で「寛文年中までは、傾城の町へ出る事自由にして、問屋方にも宿せり。延宝より己来、是を制し給ひて、門外へ出さず」と記している。明暦三年（一六五七）における新吉原の成立が地方遊里にまでおよんだ一例であるが、ここでは「公儀」の制約によって彼女たちの外出の「自由」が失われたということに着目しておきたい。

公界の苦界（注3）

政治的管理〈法〉がおよぶ地域が「公界」であるのに対して、非管理地域つまり非合法的な〈気随な〉所が岡場所である。岡場所に通う遊客は、吉原の堅苦しい作法を嫌い、気ままで安直な岡場所に通った。吉原の遊女たちは、閉塞的束縛の下に置かれた苦海ならぬ公界の中で拘束を前提に生きていたのだ。

救いようのない貧困と被差別的扱いを受けた岡場所の女性たちは放逐された世界で地獄と背中合わせの自由の身であった。誤解を恐れずにいえば岡場所の女性たちは「自由な女」

であった。

国家の政治権力が、公式に管理する政策として置いた合法的娼婦の一般的呼称としての公娼に対して、許可を受けない非公認の娼婦が私娼である。吉原は江戸幕府が公認した公娼である。対して岡場所の女性たちは、私娼である。

登山をしたものであれば経験したことがあるであろう。営林署の管轄の林にまかれた立ち入り禁止の赤いテープを想像すればいい。戦前から警察は風俗営業を許される地域を赤く囲んでいたとも、Red-light district が語源だともいう。いずれにしろ公的エリアが赤線地域である。合法的赤線と非合法的青線買売春地帯〈もぐりの集団売春地帯〉という対比でも説明がつくであろう。

鎌倉幕府が置いた「遊君別当」や室町幕府の「傾城局」などといった制度は実質的に公娼制度に近いものである。しかし、明治以前、江戸時代まで公娼・私娼という言い方は使われていない。

明治三十四年の論説「中流人士の風俗」と題した一文（注4）では、当代の淫蕩なる社会への批判を記し、「凡そ人を淫蕩に導くものは娼婦（此に娼婦と称するは一の公娼を指したるにあらず、公私に論なく苟も賣淫の所行あるもの者をいふ）の類なり」また「公娼の害は寧ろ私娼の害よりも薄し、蓋し公娼は検束甚だ厳なり是を以て其足戸庭より出づるを得ず、弦妓等の私娼は敢て検束する所なし」などとある。公娼・私娼は明治時代の中頃からは一般的に使われていたようである。

ちなみに、娼妓・倡妓の語は、江戸時代後期から一般的に使われている。遊里語に漢語をあててその読みを羅列した『雑文穿袋』（安永八年刊　一七七九）には、遊女、女郎の漢語の異名として「倡妓（といふは女郎のこと）　時妓（はやる女郎）　困妓（うれぬ女郎）　村妓（おかばしよのいたつてやすき女郎也）」などと出ている。『船頭深話発語』（文化二年成　一八〇五）にも、「娼街」に「いろまち」、「娼閣」に「ちやや」とし、「客は船也　娼婦は水也」として、娼婦に「じよらふ」のルビをふっている。遊女と客とのやり取りを、将棋の術語を用いて話をすすめる『娼妓絹籭』（寛政三年刊　一七九一）などといった山東京伝の作品もある。用法としては漢語的なニュアンスが強いやや硬い言い方で、明治に入ってからは、公娼をさして「娼妓」という言い方が一般的であった。娼婦もほぼ同じような語史をたどっている。

女郎

上田秋成の『癇癖談　上』（寛政三年頃成　一七九一）に「ある遊所の娼婦に、酌とらせてあそびけり」などとあり、「遊所」に「いろざと」、「娼婦」に「おやま」とルビがある。「おやま」は、一般的に上方で使われるが、江戸でいう「じょろう」と同じ意味である。上方でも「京女郎」などといった言い方がされている。

『色道大鏡』第一名目抄では、「傾城も尊敬して見る物なれば、上臈（じやうらう）といふべき處（ところ）もあるか。しかはあれど大夫（ママ）を上臈といひ、圍職（いしよく）以下を下臈（げろう）といはゞ、道理にかなふべけれど、端女（はしおんな）まで女郎（ぢようう）といひ来りぬれば、只（たゞ）傾城の通称（つうせう）として、女郎といはんに子細あるまじ」と述べている。女郎という言い方は、江戸時代初期に遊女を「上（じょう）らう」と表現することも多く、女郎を「上臈」とは宮廷官女からいわれた言葉であるとの付会（ふかい）説もあるが、下級な「上らう」の場合も多くあり一概にいえない。女郎は、一般的にはむしろ下級の遊女を指すことが多いようだ。『色道大鏡』のいうように、太夫より以下の遊女たち、例えば「端女郎（はしじょろう）」などといった言い方がよく使われる。「じょろう」（女郎）には、「ばいた」（売女）ほどではないが、やや差別的なニュアンスが強いことも事実である。「傾城」も同じ意味だが、下級の遊女を指していうことはほとんどないようだ。同書には、傾城について、白拍子以来の名称として「抑（そもそも）当時の遊女を傾城といふ事、過分の称号なれども、用い来ればちからなき事也」と、身に余る上等の表現であるとしている。また遊女については、「船路の旅人に愛せられる故」の語であるとし、室津の遊女をその始まりとし、限定的な意味では用いていない。曖昧な表現ではあるが、本書では、特に説明を要しない場合は遊女ということばを、売春を職とする広い意味で用いている。英語で遊女を「wandering girl」などと訳す場合があるが、ちょっとニュアンスが違う。「prostitute」の街娼の方が「遊女」「女郎」に感じが近い。傾城、上臈は「courtesan」の訳語が適当であろう。

岡場所の定着

「岡場所」という言い方が使われたのはいつからであろうか。『風俗八色談』(宝暦六年刊一七五六)「妙音尼が物語の事」では、名妓高尾の言を借りて吉原の下卑た現状を批判し、「言葉遣も吉原と踊子と岡場所といりまじり、半分づゝ物をいふを粋と覚へ、座つきこころばへまで野鄙に成しなり」とある。吉原の美意識は衰退し、吉原優先などという価値観が薄らいできていることをこの会話は示している。また、同書「夢中色談の事」には、「五町にも実の遊女といふは指を折て三人四人とはない。岡場所陰間のたぐひは、目を留る者に非ずと高くとまり」などとある。享保年中に既に「岡の遊女屋」の用例(81頁参照)があるが、宝暦期には、吉原対岡場所という対比は、用語面でも確定的になったのである。

平賀源内（風来山人）の傑作『根南志具佐』前編（宝暦十三年成　一七六三）には、忍びの者である蝦が海の竜王の命令で正月の盛り場めぐりする光景に、「元日より人間にまじはり、諸寄合・無尽会・吉原・堺町・岡場所を初め、兎角向ふへ廻りたがり、年の暮れの浅草市まで年中人にすれるが役目」といった記述に明記され、この頃から江戸の私娼街が増加繁昌したことがわかる。

以上の用例は、一八世紀中ごろ、宝暦年間に、岡場所が〈非公認〉の遊里として世間一般の人々によって、はっきりと認知されてきたことを示している。江戸唯一の公認遊郭である吉原と肩を並べる、もしくは吉原に対抗する遊里として認められたということだ。幕府が認めなくても、江戸の人々（あえて民衆とよばせてもらうと）、〈民衆〉が岡場所の存在を認知したのである。

宝暦七年（一七五七）から同十三年までの川柳句を集めて出版された明和二年（一七六五）刊の『誹風柳多留　初篇』には、次のような句がある（以下、成立年代の異なるものも雑俳と総称）。

　岡場所はくらはせるのがいとま乞い

帰る時には、吉原ならばきぬぎぬの別れなどと情緒もあるであろうが、岡場所は「くらはせる」、客の背中をドンとどやしつけるといった意味であろう。岡場所のすげなさをよんだものだ。

岡場所は遣り手と女房どんぐるみ

「どんぐるみ」は、一緒で区別がつかないこと。吉原では遣り手が管理の役割として独立しているのに、岡場所では店の経営者の女房が兼ねているというのだ。

岡場所で禿(かむろ)といへば逃げて行く

前の句と同じような句。岡場所では禿(かむろ)などといった役割でよばれることはないのであろう。遣り手も禿も吉原の高級遊女の付け人である。

江戸文化の自立

一八世紀の中頃、一七五一年から始まる宝暦年間に、何故「岡場所」の存在が認知されたのであろう。江戸の文化の様相はこの頃変化をきたしていた。

江戸時代の文化には、井原西鶴、松尾芭蕉、近松門左衛門らを輩出した元禄文化と曲亭馬琴・鶴屋南北らを中心とする文化文政文化の二頂点があったと考える〈二こぶラクダ説〉がある。一方で、中野三敏氏のごとく、二こぶの谷間にある享保・宝暦の時代を中心に一八世紀の文化を重視する〈ひとこぶラクダ説〉の文化史家も多い。

小説史を見ると、洒落本・黄表紙といった大衆文化が隆盛期を迎えていったのは、宝暦期からである。それは多く宝暦元年（一七五一）から始まる田沼意次の政治体制と重なる。田沼時代は、ほぼ三十五年続き、松平定信の寛政の改革による倹約、風俗取り締まりの緊縮政策に代わっていく。田沼の時代は、賄賂が横行したとか、不正が行われたといった面が強調されているが、一方で蝦夷地の開拓をはじめ積極的な解放政策がとられた闊達な時代でもあった。

それは、一七世紀後半の元禄時代までの大坂・京都を中心とする上方文化を脱却し、江戸の大衆を主客とする新たな〈江戸文化〉の到来を示すものであった。寺子屋がそれ以前に比べて格段に増加するのも宝暦期からだ。既に享保七年（一七二二）には、江戸府内で寺子屋総数は八〇〇を超えた。江戸の大衆は、着実に自立性を高めていったのである。

一七世紀の中ごろまで、江戸は上方の植民都市であったといっても過言ではない。「江戸店持ちの上方商人」という言葉がある。江戸の経済は、京、大坂、近江、伊勢の有力商人に牛耳られていたのである。出版機構でも、上方の本屋が力を握り、江戸の芝居の役者評判記でさえも、上方から送られてきたのである。浮世草子（八文字屋本）も江戸町人には、「下り本」として迎えられた。上方相撲で幕下でも、江戸では看板だけで大関を張ることが出来たともいう。

しかし、一方で、享保期（一七一六〜）に入ると、上方の義太夫節にかわる河東節・豊後節が江戸で発生し、さらに派生した常磐津節・富本節・新内節などが、元文（一七三六〜）から宝暦（一七五一〜）にかけて、吉原のみならず江戸の巷に広く、岡場所を中心に流行していったのである。江戸言葉が、粗野な方言的性格を払拭しながら、洗練された都会語としての性格を有してきたのもこの頃である。上方からの〈下りもの〉は、大江戸圏の拡張により成長した地場産業によって敗者となった。〈下らないもの〉が江戸を席巻したのである。

一八世紀、人口も大幅に拡大し江戸はその姿を定着させて都市としての完成形を見せたのである。

江戸が、上方から都市としての自立を始めた時期、岡場所も吉原と肩を並べる〈性産業〉としての位置を占めたのである。京、島原の遊郭が、江戸吉原の根源だなどという話は過去のものとなったのだ。

田沼時代の政策は、四宿をはじめ岡場所に対して寛容であった。このため市中には、岡場所が急増する。岡場所は、急激に伸長した各所の盛り場と結びついた。

江戸の積極的な行動文化が巷を活発化したのである。その結果この時代を頂点として生み出されたのが岡場所である。

吉原の成立は、伝統的上方意識の凝固したものであるが、江戸は都市として成長するごとに新たな皮衣に包まれていったのである。岡場所は、江戸が脱皮していった新たな性の娯楽空間であった。

以下は、一八世紀の江戸の文化隆盛に伴う岡場所に基軸を置いて遊郭史の時代区分を試みたものである。本書であつかうキーワードとなる各時代の特徴も羅列した。今まで見えにくかった岡場所中心の時代相を浮き出しうるのではないかとも思う。

岡場所遊里史

（一）岡場所黙認の時代

都市江戸の開発と元吉原の成立〈江戸黎明期〉
天正・文禄・慶長・元和・寛永等の時代
一六世紀後半から一七世紀前半まで約七十年間
天正十八年（一五九〇）の徳川家康江戸入り、散娼から集娼への進展、元和三年（一六一七）の元吉原設置、湯女の活況

（二）岡場所禁圧の時代

江戸の成長期と新吉原への移設〈江戸発展期〉
明暦・万治・寛文・天和・元禄・正徳等の時代
一七世紀後半から一八世紀初頭まで約六十年間
幕藩体制の確立と新吉原の隆盛、明暦三年（一六五七）新吉原の開設、元禄（一六八八〜一七〇三）文化の盛行

（三）岡場所活況の時代

江戸文化の成熟期と新吉原の衰退〈江戸成熟期〉
享保・宝暦・明和・天明等の時代
一八世紀初頭から一八世紀末まで約七十年間
都市文化の隆盛と文芸の浸透、徳川吉宗の改革と田沼の積極政治
遊里文学（洒落本）の進展、風俗文化の活況

（四）岡場所壊滅と放縦の幕末の時代

寛政・天保の改革、寛政・文化・文政・天保・安政・慶応等の時代
一八世紀末から一九世紀後半の明治維新までの約八十年間
松平定信の緊縮政治、文化文政の文化の興隆、水野忠邦の風俗文化への強圧・幕末の混乱と風俗文化の混迷・頽廃

以上は、渡辺の提示した時代区分とキーワードであるが、上林豊明「売笑史雑考」（『新小説』大正十五年九月号）・宮川曼魚『江戸売笑記』（批評社　昭和二年）・竹内勝『日本遊女

考』（クリエイト社　昭和四十五年）などにおいては、岡場所の存在を重視した遊女史の展開がみられることを注記しておく。

私は宝暦期を中心とした一八世紀を江戸の岡場所文化の最盛期ととらえ、〈黙認〉→〈禁圧〉→〈活況〉→〈壊滅と放縦〉という見方で考えてみた。これは、フランスの社会思想家オーティスが、『中世社会の娼婦』（シカゴ大学出版　一九八五年）の遊里史の分類概念を参照したものでもある。

第二章　岡場所黙認の時代

遊郭設置の請願

岡場所という呼称が定着する前にも、私娼が江戸の町で、広まっていたことはもちろんのことであるが、江戸の私娼の存在を浮き彫りにしたのは元吉原の成立である（以下、新吉原を吉原とよび、それ以前は元吉原とよぶ）。

元吉原の成立について、通説では、慶長十年（一六〇五）、庄司甚内（後に甚右衛門と呼称）なる人物が、三ヶ条の条件をもとに幕府に遊郭の設置を願い出たが、すぐには許されず、慶長十七年（一六一二）に再び請願書を提出、そして元和三年（一六一七）に五ヶ条の条件をもとに官許を得て、翌元和四年（一六一八）に日本橋葺屋町（ふきやちょう）の東隣（現在の中央区堀留二丁目付近）で遊郭を開業したとされている。

徳川家康は天正十八年（一五九〇）江戸へと入国し、都市江戸の整備を行う。これ以前の江戸は、北条氏および太田道灌らの支配下にあったのだが、現在の赤坂あたりの一部地域を除いてほとんど未開地であった。慶長五年（一六〇〇）家康は、関ヶ原の戦いの勝利による政権安定とともに、同八年（一六〇三）に江戸幕府を開き、天下普請を始めた。三年後の慶長十一年（一六〇六）には、諸大名から石材が運送され江戸城増築も急ピッチで進む。山は切り崩され、湿地は埋められ、江戸の町は拡張を重ねていく。

その最中のことである。奉行所からの諮問に答えたという『新吉原由緒書』（享保十年頃成　一七二五）によれば、麴町八丁目、鎌倉河岸に一四、五軒、大橋の内柳町（大橋は常盤橋御門周辺、内柳町は道三河岸か）には二〇数軒の遊女屋が集まっていた。麴町は京より、鎌倉河岸は駿府府中弥勒町から、その他の地では奈良木辻町、伏見夷町から業者が参入したといわれる。中でも、もっとも規模の大きい柳町は、「御当地素生之者」、つまり江戸に関係のある者が、遊郭の経営者であったという。柳町の位置も、明確ではない。地名の確定が困難であるにせよ、元吉原成立以前の遊女町が、江戸城近くの市街地域に散在していたということ、さらに元吉原以前の遊女町が、京都、駿河、さらに伏見、奈良、といったところの遊女屋と江戸の業者によって作られたという伝承は留意せねばなるまい。

慶長十年（一六〇五）の頃、最初の遊郭設置の願いが柳町の庄司甚右衛門から出る。遊女屋に長逗留をする者がいて家職を忘れる者がいる、これからは一日だけの逗留とさせ、長期滞在は許さない、などと利用客の規制を条件に遊郭設置を求めた。しかしこの請願はほとんど無視されたようだ。

二度目の願いは七年後、慶長十七年（一六一二）に提出された。この陳情の中心も庄司甚右衛門だ。注目すべきは、これに反対する岡田九郎右衛門を中心とする遊女屋グループのあったことだ。

岡田は、〈今のままでも多くの遊女屋がある。それで十分ではないか。この陳情を公儀が取り上げたら、公儀が人々に遊女町へ行って遊べというものだ。世間に好色者が増え、風俗も乱れるであろう〉と反対したのである。

公儀が、つまり本来管理すべき統治者が買売春を認めるのか、それでは風俗の乱れを助長するものだという意見である。管理売春統制反対の声でもある。

対して推進派は、管理しなければ遊女も遊女屋も増大し、喧嘩沙汰も増え、犯罪者も増えていくにちがいない。遊女を一定の場所に置き管理すれば風俗もよくなると強弁し意見をまとめた。治安重視の管理売春の主張が通ったのである。

陳情書は以上の議論を踏まえ、三ヶ条の設立趣意書をつけて提出された。

一つ、長逗留の禁止。二つ、人身売買の取り締まり。三つは、不法者の取り締まりへの協力である。幕府の公認を得ることによって、江戸の風俗の乱れを正すことが出来るというのである。

人身売買倫理の退歩

第二の人身売買の取り締まりについて、前掲の文書は〈以前から人をかどわかすことが禁止されているが、今も後を絶たない。貧乏人の娘を養女にし、十四歳になると妾奉公とか遊女奉公に出して大金を受け取る不届き者がいる。実父母から抗議を受けると色々偽りをいいわずかの金で始末をつけ、娘たちを売りに出す。その事情を知りながら、かどわかされ、養女となった子どもを買い遊女屋を営んでいる者がある。もし一ヶ所に集めたら、拘引(こういん)者や養女を吟味し、その実情をお上に報告する〉と述べている。人身売買の横行する社会状況を踏まえ、拘引者に厳罰を与え、不法な人身売買を防ぐというのだ。

後世、遊郭経営者における人身売買は日常化し、問題になることはほとんどなかった。しかしこの時点では、人身売買の禁止は、時代状況を踏まえ厳格性を保持していた。

頻発する人身売買に対し幕府は、元和二年（一六一六）十月に、年季奉公の禁止などとともに人身売買禁止令を出した。もし拘引して娘を売った時は、売人は処罰、売られたものは元の主に返す。たとえ正規（本人および親の承諾のもとで）に売られたとしても、その期限は三年とするというものである。

これは後年の年季奉公の通例とは異なったものである。その後の人身売買の横行、例えば、奉公を十年とし、いわゆる苦界十年と呼称し、お礼奉公をさらに一年付加するなどといった欺瞞的状況に比すれば、江戸吉原の成立時の倫理観は、まだいささか温情があったというべきかもしれない。元吉原の成立時に、人身売買の自粛政策が関与していたことはたしかである。

慶長十七年の再陳情でも幕府は遊郭設置には安易な姿勢を取らなかったようだ。遊女屋の設置を公的に認めたのは、五年後の元和三年(一六一七)三月である。慶長十年頃の遊郭設置への最初の動きからは、公的買売春制度設立までに一二年有余を要したのである。三〇〇年以上も後のことだが、昭和二十年(一九四五)八月、太平洋戦争後、焼け野原になった吉原はまったくの壊滅状態になった。働いていた女性も霧散した。この時、日本の政府は、急遽、終戦五日後吉原に遊郭制度の復活指示を出した。遊郭は、素人女性の防波堤であるなどと語られる新たな人権無視の始まりであった。近現代は論を待たず弱者の犠牲を先行させて歴史を刻んだのである。江戸、元吉原設置に要した一二年と戦後遊郭復活に要した五日。この時間差の倫理の劣化は記憶されていい。

許可遅延、幕府の逡巡後の遊郭成立について、元和元年(一六一五)に、大坂城落城によって豊臣氏との抗争がひと段落し内政が安定したことで政策が進行したのであろうという指摘もある。それもあろうが、私はその逡巡の一因は、幕府、武士政権の〈倫理・道徳の揺らぎ〉にあったのではないかと考える。

江戸時代を通じて、城下町で遊女町を置くことは多くの地域で禁止されている。武士が買春にうつつを抜かすことは、武士にとって恥ずべきことであった。遊郭設置は江戸を開拓する労働者（その中心は武士である）の生活の堕落を助長すると考えられていたのだ。岡山藩池田氏、米沢藩上杉氏などをはじめ、城下における遊郭は多くの地域で禁止されていた。城下で遊べない若い武士が、隣町まで行って遊ぶという例は枚挙にいとまがない。秋田、佐竹藩の武士は秋田城下の遊女町では遊べず、北前船でにぎわった能代まで馬を走らせたのである。水戸城下の武士も港町の祝町（いわい）まで、大聖寺藩の武士は、北国街道筋の串茶（くし）屋まで、足を延ばしたのである。武士が遊女町で遊びお家断絶にあったというような例もある。もちろん、武士がふと思いついて気軽に遊郭へ行くなどといった非倫理的な行為が日常的であったことも否定できない。一方で売春の公認は為政者としての〈武士〉の恥でもあったのだ。

人身海外流出への危機感

当代の人身売買の増大も考慮にあった。遊郭設置を明確にすることで人身売買の助長を抑止出来るのではないかという期待である。

寛永十六年（一六三九）の鎖国完成以前の四年間ほどで、ベトナムでは一億二八二〇万個という膨大な銅銭〈永楽銭〉の取引があったという。一七世紀初頭における東アジアのグローバル化はすさまじいものがあった。その仲介的な役割を果たしたのがキリシタン商法である。キリシタン弾圧という非人道的な宗教政策を念頭に置かなければならないが、きわめて多くの女性たちがキリシタン商人の手によって奴隷として海外に流出したともいわれている。すべての人身売買が、キリシタン商人によって行われたわけではあるまいがこの商法は見逃すわけにはいかない。

執拗なキリシタン弾圧は元吉原成立の時期と重なる。慶長十七年（一六一二）の京都南蛮寺の破却、同十八年・同十九年・元和二年・同三年・同四年と続いてキリシタン禁止令や処刑令が発布された。禁止令の背後にキリシタン貿易の人身売買への疑念があるのだ。

遊郭による封じ込めは、一足早い風俗文化の鎖国ではなかったか。閉じ込めることによって、女性たちの自由を奪ったとも、一方で町中に放置された女性たちを国際的な奴隷売買から救ったともいい得るのではないか。

元吉原設置の認可

元和三年(一六一七)幕府の評定所は、さらに五項目の主な条件の下、遊郭設置を認可した。元吉原の設置である。

一、吉原以外での商売の禁止
二、長逗留の禁止
三、衣類の贅沢禁止
四、家作は質素にすること
五、江戸町人の役割を果たし不審者を届けること。

注目すべきは第一条。あたかもそれは刑期執行のごとく、年季によって郭の中に女性たちを閉じこめたのだ。範とした中国の遊郭にも見られない、類まれな日本の遊郭制度の確立だ。

現在、地下鉄人形町駅から浜町に向かうと「大門通り」がある。この道の近くに、庄司甚右衛門たちの思惑通りに傾城町設置が認可され、公娼として保護された。一方で、街中で営業を続けていた娼婦たちは、摘発対象の私娼となったのである。

工事は急ピッチで始まった。突貫工事による葭原町の成立である。葭原は、元和四年（一六一八）には、その行先を寿ぐごとく吉原と改名され本格営業が始まる。

ここで、遊女（娼婦）は、公認された公娼（吉原の遊女）とそれ以外の私娼（隠売女）に正式に分割された。吉原の歴史の始まりは、新たなる私娼史、岡場所史の始まりを告げるものであった。

湯女の登場

初期岡場所史における〈私娼〉の主役は、湯女とよばれた女性たちである。『慶長見聞集』（慶長十九年（一六一四）成立か）の分岐本『そゝろ物語』（大田南畝所持の寛永十八（一六四一）刊本の転写本）の一章「湯那風呂繁昌の事」には、〈天正十九年（一五九一）の夏の頃に、伊勢与市という者が、銭瓶橋付近に銭湯風呂を立てた。値は永楽一銭であった。人々は珍しがってそれに入ったが、その頃の人は風呂に慣れず、煙で目も開けられないとか、熱すぎるとか文句をいったが、今は町ごとに風呂があり、代金は十五銭、二十銭づゝ、風呂には髪をすいたり垢をかいたりするなまめいた女性が、二、三〇人もならんで居た〉と記している。

銭瓶橋が初めて地図上に現れるのは、寛永九年（一六三二）江戸図（『古板江戸図集成』所収）である。伊勢与市という人物も明らかではなく、湯女風呂の始まりがいつであったか、明確な年代を限定することは難しいが、家康の天正十八年の江戸入りから約四十年後の寛永初期であろうと推察する。

文政八年（一八二五）成立といわれる『我衣（わがころも）』には、江戸へ労働力として駆り出された諸国の武士たちが、その単身赴任の憂さを晴らすために茶屋があり、それが湯風呂を置いていったといった記述がある。自然な解釈であろう。

風呂の形は異なるが、働いた汗を落とすための風呂は、東大寺造営の昔から岩風呂として存在している。山口県防府市郊外の阿弥陀寺には自然の岩を活用した石風呂が残存し今も観光用に公開されているが、この地方の材木を切り出す作業に当たった労働者のためのものであったという。

そしてそこに男たちの疲れを癒すがごとき女性が存在していったことも自然の成り行き

であったといってもいい。近世初期風俗画や浮世草子の『好色一代男』(天和二年刊　一六八二)巻一「煩悩の垢かき」などの挿絵でもその実態は容易に見ることが出来る。湯女を登場させる新都市形成期の江戸は、あたかもアメリカ西部のフロンティアタウンのようだとも形容される。

道三(どうさん)堀りがほられたのは天正十八年(一五九〇)である。この堀は明治になって埋め立てられたが、現在のパレスホテル東京の辺りから一石橋の所まで通っていた。ここから日本橋川を経由した船は海から江戸城内まで入ることが出来た。堀を道三堀りとよぶのは、当時の侍医延寿院道三が住んでいたからだという。ここは重要な交通路であり、両側に材木屋も集まった。近くの和田は蔵が集まり和田倉町とよばれる。特定はできないにしても、この道三堀りの周辺に湯女たちがたむろしていたことは間違いない。一石橋の手前には常盤橋が今もある。銭瓶橋の名はないが、その南にあったのであろう。今は銭瓶橋の跡という碑文も立っている。常盤橋から日本橋室町、日本橋本町、日本橋堀留を抜け清洲橋通りである。ここから浅草橋を渡って、浅草である。江戸通りなどとよばれているが、これがメインストリートである。

『慶長見聞集』の「江戸の川橋にいわれ有る事」の章には、江戸城の北側をめぐる川に、

「この流に橋五つわたせり。されども皆たな橋にて名もなき橋共なり」と記されている。棚橋は板を渡しただけの簡易な橋。その橋に、今も名を残す雉子橋、一ツ橋（丸木橋）、竹橋（すのこ橋）、常盤橋（大橋）と命名された。そしてもう一つの小さな橋が常盤橋と呉服橋のあいだにかかる銭瓶橋である。

今我々が目に耳にすることが出来るが故に、橋の名にこだわったわけではない。海野弘は、「橋に名がついて、江戸は見えるものになってきた」（注5）と記しているが、橋のたもとに集まる女性たちは、「湯女」とよばれる呼称を得て、江戸の風俗史に登場したのである。橋は流れの遊女たちの止まり木である。河畔が、流れ者であったに違いない彼女たちの、住処として成長したことは想像に難くない。

鉱山の自由

フロンティアタウン江戸によく似た町は鉱山の町である。

戦国時代から江戸時代の初めにかけて鉱山開発ラッシュとよばれる時代があった。鉱山が開発されると、急激に多くの労働者や、商人が集まり、新たな町が形成された。そして、佐渡の金山や、秋田の院内銀山など、各地の鉱山に、労働者が集まり、遊女町が形成され

た。一攫千金を夢見た男たちが蟻のごとく集まり、追うように女性たちが集まるのである。（注6）

例えば、鹿角金山（秋田県鹿角市）については、慶長九年の金山繁昌のことを記した項目（注7）で、「近辺に家を建、色々之売物誠に美々敷」飾り、風呂屋が立ち並び、「遊山町とて諸方之戯気女を呼集め」、上方からは歌舞伎の上手を呼び寄せ、「当山日を追て繁昌し、昼夜乱舞遊曲しけり」とある。また自主規制の「山例　五十三ヶ条」には「金堀の儀、妻子を持つこと恥とすべし」の一条がある。坑夫は短命であり、独身を強制されたため鉱山には遊郭が必要不可欠であったといった話も秋田院内で語り継がれている。営業税としての「傾城役」の存在もそれに関連すると指摘されている。

金銀山の活況と放埓を、人は「鉱山の自由」とよんだ。これに倣えば、無法、放埓、勝手な〈江戸の自由〉という表現が使えるはずだ。この時代の自由な活気を象徴するのが湯女である。

「湯女図」の魅力

図1は、熱海のMOA美術館が所蔵する「湯女図」とよばれるものだ。図2（MOA美

図 1 「湯女図」 所蔵：MOA 美術館

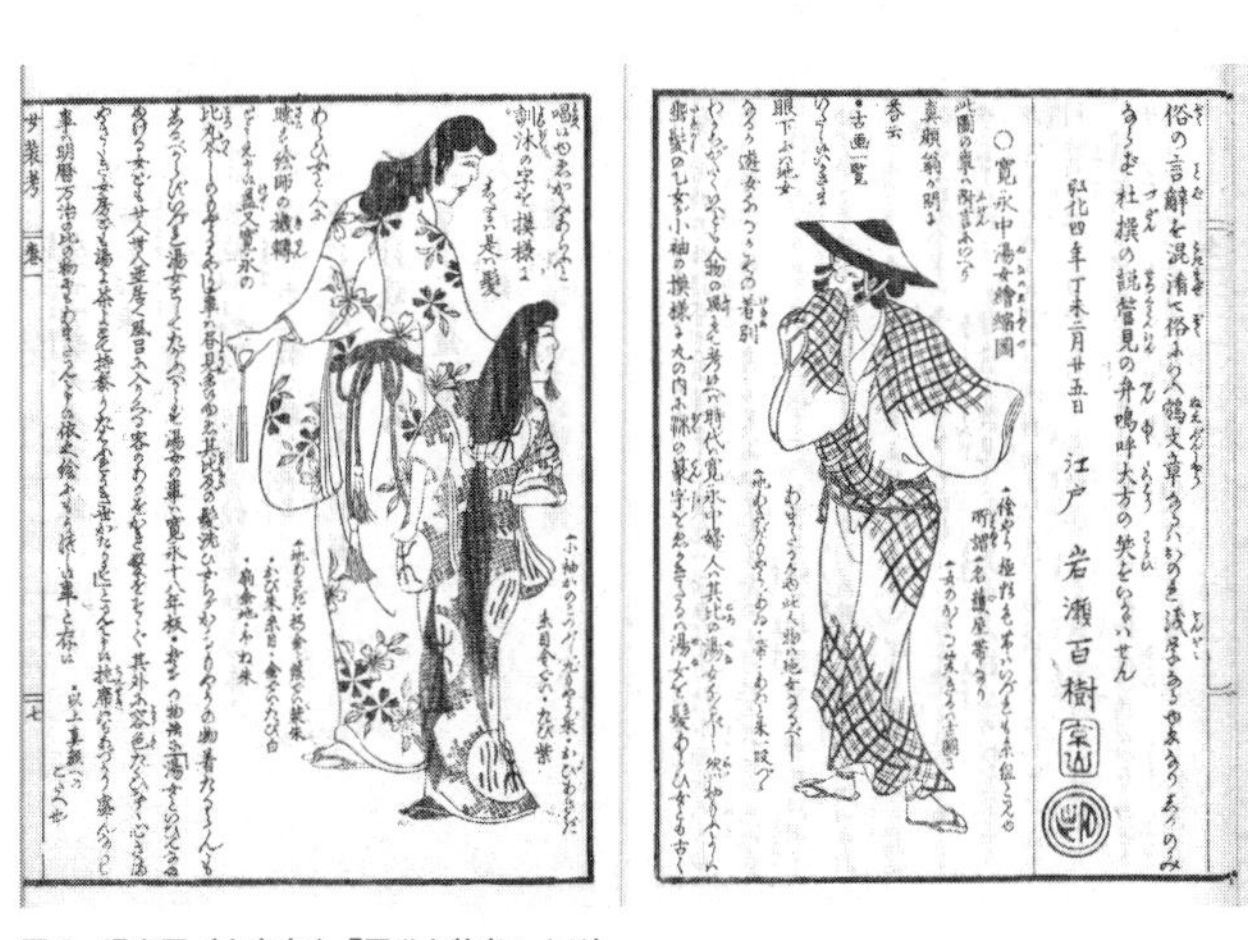
弘化四年丁未二月廿五日
江戸 岩瀬百樹
○寛永中湯女繪縮圖
古画一覧

図 2 湯女図（山東京山『歴世女装考』より）
所蔵：国立国会図書館

術館の湯女図の縮図）は、山東京山の随筆『歴世女装考』（弘化四年　一八四七）に掲載されたものである。

「湯女図」とよばれるのは、左から二人目の長い髪の女性の小袖に付された模様が、篆（てん）書体の「沐」の字に似ているという山東京山の指摘によるものである。沐は髪を洗う意味で沐浴などと使い湯女と関連のある語である。京山は、この図が寛永期（一六二四～四三）頃のものと推定した。

京山が見た絵とMOA美術館のものは構図が異なっているが、湯女の部分はほぼ同じである。

『歴世女装考』で見た湯女図の原本を探し求めていた洋画家岸田劉生（りゅうせい）は、「この屏風と同筆者の作かと思はれる湯女の図が山東京山の著『歴代（ママ）女装史（ママ）』の巻頭に出てゐて、私はこの現品を探してゐたのだが、図らず東京の秋葉啓氏によって探し出され、目下氏の所蔵となってゐる。正に四枚折屏風と同筆者の筆であって、湯女等の顔の卑近な強さは人に迫るものがある」と述べている（注8）。

岸田劉生以降、美術史家はこのMOA美術館の湯女図に高い評価を与えてきた。その一因は、岸田劉生がいうように、この浮世絵の、賤しい、卑近な女〈湯女〉の現実に迫る生々しさに美を感じたからだ。

佐藤康宏氏の指摘は、湯女図の解釈に大きな区切りをつけたといってもいいであろう（注9）。氏は岸田が発見当初、表装されていない〈まくり〉の状態であったことを踏まえ、従来から言われていた屏風仕立ての説を補強し、これが「四曲屏風」の一部であり、湯女たちの歩く図像の右には、彼女たちを見つめる吉原の遊女たちの視線があると述べた。

佐藤氏は湯女図の左側の女性から順次に〈A・B・C・D・E・F〉の記号を付して説明したが、以下の私の説明でもこの方法を踏襲する。

佐藤氏は、「このような見立てが有効に作用する前提には、湯女が非合法の私娼であるという共通理解が成立していたと考えざるを得ない。湯女に加えられる圧迫を意識すればこそ、彼女たちのたくましさや自由への思い入れは強まったはずだからである。その上で私は想像するのだが、屏風絵であった本来の画面の右側には、湯女を脅かすもの——たとえば吉原の遊女が描かれていたのではなかろうか」と述べ、右端の格子縞の人物（F）の質素な服装を服飾の統制に従う吉原に属する者（描かれていない屏風絵の吉原の者たちを中心とする群列）の先頭を描いていると説明する。

湯女図が、私娼、湯女、つまり岡場所の遊女と吉原の遊女の対立構造を見立てているのではないかというのである。

氏はまた、描かれていない屏風絵が、「桜狩遊宴図屏風」（ブルックリン美術館　右隻）のごときもので、湯女図とのコラージュがあったのではないかと述べ、MOA美術館に残された絵は、屏風絵の〈まくり〉であろうと推察した。

湯女と吉原の遊女という対立構造をここに読み取る佐藤氏の論拠は卓見で、まったく同感である。しかし、それを描かれていない、もしくは描かれていたかもしれないことによって予想を示すよりも、この「まくり」の中にも湯女とそれに対抗する遊女（元吉原に囲い込まれた湯女）の対比を見るべきではないかと私は考えた。

それは「まくり」として残した意図について考察するヒントにもなりうるのではないか。当代、合法と非合法の狭間でゆれる彼女たちを具体的に見ていくことにする。

ゆれる湯女たち

A・Bは現役の湯女であろう。Cは今は吉原に身を置くかつて湯女であった遊女、D・Eはそれに従う者たちであると思う。高位の遊女（太夫）を先頭に、禿もしくは新造、そして綿帽子を被っているのは、遣り手であろう。このような街中を歩く遊女の道中姿は、基本的パターンである。

太夫が監視者である遣り手なしで町中を歩くことは考えられない。Fは、笠の被り物から、「比丘尼」であろうと思うが、京山がいう「地女」かもしれない。足を見ると、Aは立ち止まり、Cを上目使いで凝視する。AはCに対して非難を込めた視線を送っている。Bの視線は、Aに向けられるが非難の様子はない。

Bの立ち姿の若さを秘めた生き生きとした肢体がこの絵の中で際立っていることは佐藤氏の指摘のごとくである。氏は「腰のくびれと張り出した臀部の厚みを造形し、小袖の下に精気みなぎる肉体が存在することを示唆してやまない。まっすぐに垂れる長い黒髪との対比が、このカーヴをいよいよ官能的に見せる」と述べ「これほど充実した肉体を持つ女性像が東洋絵画史にどれだけあろうかとまで私は思う」と高い評価を与える。

驥尾（きび）に付して私見を述べれば、私もこの若き湯女はこの時代の美を象徴する潑剌さと艶気を持っていると思う（後述の深川のかる子の姿にも似ているようだ）。

Bと対比するのはDである。DはCに付き従う妹分（新造）といったところである。Bの肢体は湯女の誇りにあふれているように見える。「沐」の字を、あえて彼女の紋模様としたところにも画者の思い入れがあるようだ。Eは、Fと会話している。ひそひそ話であろうか。何か会話をはばかっているように見える。Eは列に従いながらC・Dとは距離を置いているのであろう。遣り手として本来付き従うべき役割を放棄し、話しかけてきた「比丘尼」か「地女」に応じているのである。足の動きの中途半端な停止はそれを意味しているのだ。

この絵の主役は、もちろんCである。佐藤氏はCの背後に、寒山図の姿を重ねている。寒山は中国唐代に天台山に住んでいたと伝えられる、世俗の階位を越え（権勢におもねることなく）誇りある生き方を貫いた隠者である。江戸時代初期においては、『慶長見聞集』でも、寒山は普賢菩薩の化身ともいわれ（巻七）また「五塵六欲をはらへり」（巻九）などともいわれている。謡曲「江口」をはじめとして、普賢菩薩が遊女と密接な関係をもつ説話を生み出していることもよく知られている。もとより遊女のみならず、湯女にも同様に「煩悩の垢をはらう」という俗説が重なる。Cの持つ寒山の矜持の姿様は、遊女（吉原の）と湯女のダブルイメージなのではないか。佐藤氏は、結語の部分で、「屏風絵だった「湯女図」に繰り広げられる視線のドラマの核心は、結局〈見る女〉A・Bと〈見られる女〉Cとの対比に要約されるようだ。おそらくこのような対比によって、画家と鑑賞者のイメージの中に生きる湯女の**微妙な**立場（圏点渡辺）が表現されている。湯女たちは、吉原の遊女を背後に、いわば時流の外へ歩み去る者としてとらえられているのかもしれないが、しかし、画家に感傷はない」と述べる。女たちの視線の交差を見事に表現した一文である。しかし、その〈微妙な立場〉の説明はない。私は、屏風絵の吉原の遊女や世間の視線ではなく、この「まくり」一枚に凝縮された世界に、湯女でありかつ吉原の遊女であった女性たちの内包する〈微妙な立場〉を掬い取るべきではないかと思う。

闊歩する女たち

Cの足下に注目したい。右足はいまにも踏み出しそうだ。踊りの踏み出しにも見える。佐藤氏のいうように「時流の外」へと踏み出す足なのだ。時流とは何か。

寛永期の湯女たちが置かれた微妙な立ち位置を考えねばならない。

元和三年(一六一七)の元吉原の成立は、権力のお先棒を担いだ庄司甚右衛門たちの、湯女の囲い込み作戦である。それは成功したとはいい難い。私娼は雑草のごとくのさばったのだ。元吉原が私娼摘発を目的としたものであることはすでに述べた。湯女は違法である。しかしこの段階で、むしろ黙認の形で湯女は存在しその活動は活況を帯びていたのである。『異本洞房語園』(享保五年序　一七二〇)は、元和三年元吉原成立により遊女の大門外での〈町売り〉が禁止されたが、寛永十八年（一六四一）の頃までは、神社仏閣へ自由に参詣し、それにかこつけ、「知音の方へ立寄り馳走にあひしこと略有し故、町売に紛敷見へければ」といった行動があったと記している。元吉原成立以降数年間、遊女たちは勝手気ままに、寺社詣りを口実に江戸の町を闊歩していたのである。

　この時代の禁圧は中途半端なものだったようだ。『異本洞房語園』は続けて、「寛永十三年の頃より、町中に風呂屋といふもの発興して、遊女を抱え置、昼夜の商売をしたり。是よりして吉原衰微しける也。吉原を贔屓する人は、風呂屋女に仇名をつけて、猿と云ける也。垢をかくといふ心か」とある。

　風呂屋の湯女と元吉原の遊女たちは、江戸の町中に混在していたのである。MOA美術館の湯女図はそれを象徴しているのだ。

　湯女を抱えた風呂屋は、昼夜の営業であった。対して、元吉原は、寛永九年（一六三二）から夜間の営業を禁止した。これは、元吉原にとって大きな痛手であった。町売りが禁止されてもなお湯女を抱える風呂屋が、営業の独占化を意図した元吉原に大きな痛手を与える結果となったのである。幕府は、元吉原を昼間の遊興の場としてのみ考えていた。またそこに長く宿泊することを忌避したのだ。昼間、元吉原に行けるのは、武士の一部であり、特権的な富裕な町人である。江戸の土木工事を担う人々が汗を流すのは労働の後である。夕方から風呂屋に駆け込むのは当然である。元吉原は労働者（中間武士層）らの場ではなかったのだ。

しかし、その風呂屋も、夜間の営業が禁止される。承応二年（一六五三）には、〈暮六ツ過て湯風呂を焚き出すようなことがあれば、急度曲事に処すべきものであり（必ず厳罰に処すべきであると）、油断無く守らねばならない〉（『正宝事録』）と厳しい布告をしている。

少なくとも承応二年の頃までは、湯女の風呂屋は元吉原の遊女を凌駕するほどに繁昌していたのであろう。禁圧の中でも、湯女は町中を自由に歩き回っていたに違いない。抑圧と自由の狭間に湯女たちはいたのである。その典型というべきか、またこの時代の寵児ともいうべき存在が現れる。それが語り継がれた湯女と元吉原の傑出した太夫の二つの顔を持つ遊女勝山である。

丹前勝山

『色道大鏡』巻第十七にその伝記が載る（注10）。勝山は、武州八王子の出身で、正保三年（一六四六）に紀伊国風呂と称する風呂屋の店に出て勝山と号した。その性質は、「大膽ニシテ余情有リ、活然トシテ異風ヲ好ム」〈度胸があり香気あふれ、生き生きとして並の姿を好まなかった〉。その勝山に注目したのが元吉原の遊女屋山本芳潤である。「承応二年癸巳秋八月、山本芳潤之ヲ需メ、以テ太夫職ニ補ス」と伝えられている。承応二年がいかなる年であったかは前述した。勝山が風呂屋から元吉原の遊女屋山本芳潤方に移ったのには、風呂屋の夜間営業の禁止という湯女への抑圧の厳しさがあったのであろう。

考証随筆『柳亭筆記』（文政九年以降成立　一八二六）には、承応二年七月、堀丹後守の門前の風呂屋で旗本の者たちの争闘事件があったことが記されている。勝山はこれに巻き込まれ、翌月に湯女から吉原に移されたとの説もあるが、勝山が、乱雑で横暴を繰り返したという当時の旗本奴らの憧憬を集めたことは確かであろう。堀丹後守の門前の湯女であったことで、彼女の風俗ファッションは、丹前風とよばれた。それは女性ばかりではない、旗本の若い男たちにも広がった。寛文四年（一六六四）刊の『理非鏡』には、

当世の若き人〳〵の、衣紋つくろひ身をかざる事、
礼儀にはあらでみな好色のためならずや、
見たてまつればその〳〵も丹前風とやらん勝山風とやらんいて、

刀脇指月代までも古しへに違ひてせらるゝと見えたり、

此勝山とやらんは江戸風呂屋の傾城と聞ゆ

とある。その市中歩きの様相は、佐藤氏がオマージュした、『桜狩遊宴図屏風』の様とよく似たものに違いない。

勝山は多くの流行に逸話を残した。『柳亭筆記』の中にあるものを列挙すれば、「勝山髷」「丹前編笠」「丹前節」「丹前模様」「丹前紋」「丹前元結」「丹前帯」「丹前雪駄」などがあがる。それが吉原育ちのファッションリーダーではなく、湯女、つまり岡場所出身でスターになった勝山が発源であることは注意したい。

勝山のことは、諸書に触れられている。天和三年（一六八三）刊の菱川師宣筆の『岩木絵尽し』（図3）は、

図3　遊女道中（菱川師宣筆「岩木絵尽し」『日本風俗図絵　第1輯』より）
所蔵：国立国会図書館

その一つである。「此勝山は朽ちても朽ちず、そのかみ風呂屋に住み給ひしが、（吉原で）今御の字の太夫に成、およそ我朝にかくれなきほどの遊君になられし」などとある。『岩木絵尽し』に描かれた遊女の道中の挿絵も見ておきたい。「湯女図」に描かれた、Cの花の紋様と類似しているようにも見える。

ふところ手のまま、ひじ張をしながら意気地を誇示し、遣り手を従える遊女道中の典型である。この図はMOA美術館のC・D・Eの列と似通ったものである。

「朽ちて」は、吉原に追われたことであろうか、そして「朽ちず」は吉原においてもなお光を失わなかったというのだ。私娼から公娼にその位置を降下されても勝山は湯女時代に持っていた天性の光を失わなかったのである。当代世間の評価は、後代のごとくに吉原を格上などと考えていなかったのかもしれない。少なくとも、湯女から元吉原に移った女性たちに、後世、深川から吉原に奴女郎として送り込まれた遊女たちが持っていた〈意地〉によく似た感情が内在していたことは確かであろう。

ジェンダーフリー勝山

もう一度、「湯女図」のCの足元を注視したい。当時、勝山は、外八文字の考案者であるといわれる。それが事実かどうかは、今問題ではない。勝山の歩み振りが注目されていたことは、記しておきたい。大地を踏みしめるその動作は、民俗学的には地霊をよび込むがごときである。『色道大鏡』は、勝山の歩み振りを、彼女が酒を好み、小歌も粋で一流であり、「剰へ髪結ニ一流ヲ興シ」と勝山髷のことに触れ、そして「道ヲ行ニ身振リヲ改メ、土ヲ踏ムニ草履を用ユ」と記している。A・B（Bの足もとは切れて見えないが、沐の模様で湯女であることは明白）が、革足袋であるのに対して、C・Dは草履である。履物は、身分の高下を象徴する。A・Bは、湯女である。Cは、勝山ではないか……。元吉原に移った後の絵とすれば、承応二年以降の図となり、山東京山以来の〈寛永の湯女図〉という認定とずれることになるが、寛永期と寛文期の間の風俗図に大きな差はないと考えている。承応のものを寛永図とすることに違和感はない。もとより、「湯女図」は、多くの美術史家の注目を集めてきた。描かれた六人はすべて湯女であるといった指摘もあり、成立も寛永をやや下る頃であろうとの推察も一般的な見方といえるようである。

　勝山と特定するのは無理があるかもしれないが、湯女から元吉原に移った遊女であろうと推察できないであろうか。湯女の多くが、この頃、元吉原に移されていったことは事実である。

Aは、Cに向けて語り掛ける。

「吉原に移ったお前は、湯女を裏切ったのか」

Eは、Fに応じ、小声でささやき、陰口をたたく。

「今は太夫といわれるが、元は下賤な湯女だよ」

そんな声が聞こえてきそうな気がする。その声にCの仮想〈勝山〉は、耳をかそうとはしない。己の人生を行くままに認め、諦念の中で、過去の自分に誇りを持ち、小歌で足拍子を取りながら遠くを見つめ、一歩踏み出しているのである。

勝山が、元吉原を離れたのは、『色道大鏡』によれば、明暦二年（一六五六）秋八月であったという。この頃既に元吉原から新吉原への移転の話が持ち上がっている。岡場所黙認の時代は終わり、本格的な遊女封じ込めの時代がやってくるのである。

勝山の画像としては、旧萬野美術館所蔵（萬野美術館は、二〇〇四年閉館。現在、多くの作品は、京都相国寺の承天閣美術館に移転されている）になる「遊女勝山図」がある。宮島新一氏の説明によれば、いわゆる、寛文美人図の一枚で寛文四年（一六六四）以降の作という（注11）。氏は、MOA美術館所蔵で、寛文八年（一六六八）頃の作と伝えられる「遊女勝山巡礼図」も、簪を挿す早い例として挙げている。

押川國秋の時代小説『勝山心中』（講談社　二〇〇一年）は、町奴幡随院長兵衛と旗本奴の水野十郎左衛門との狭間に苦悩する勝山を描いた傑作時代小説（書下ろし時代小説大賞第一回受賞作）であるが、遊女でありながら若衆姿を好み、〈男嫌い〉で身を許さぬ勝山を描いている。これは、『色道大鏡』の伝記で、客に対して「婚淫ノ交リ無シ」といった伝承を踏まえたものであろう。遊女としてあり得ぬことだが、勝山のジェンダーフリーを伝えるものなのかもしれない。

『色道大鏡』では、勝山が尊敬する遊女として、京都島原の遊女八千代の名前が挙がっている（注12）。八千代は、当代、京島原において源氏物語の講釈を受けるなど最高の教養の持ち主として寛永文化圏における公家たちとの交遊でも知られている。また、後陽成天皇の第八皇子八宮良純法親王が、寛永二十年（一六四三）甲斐の国天目山に配流された際の罪科（酒乱とも幕府の寺院への介入に反対したともいう）の原因が八千代との交遊であったともされている。勝山周辺の伝承には、世間の常識に抗う姿勢が存しているようにも思える。それは岡場所の湯女から元吉原の太夫に転じた生き様の持つ一つのイメージであったに違いない。江戸時代初期、元吉原成立前後の岡場所〈私娼〉が根源的に宿していた反権力ともいうべき、勝手気ままな〈自由な性〉への残滓であったともいえよう。

第三章 岡場所禁圧の時代

新吉原の成立

明暦二年（一六五六）十月元吉原の年寄りたちは、町奉行所に呼び出され、新たな遊郭地への所替えが命じられた。候補は二つ、本所と浅草日本堤である。ともに遠方ではあったが、本所は隅田川の向こうであり、橋の整備もされていない。『青楼年暦考（せいろうねんれきこう）』（以下『暦考』と略）（注13）には、〈（浅草日本堤）今の地面は沼にてもあれ、観音の参詣も有り、日光街道にも近く交通の便もいい〉と主張し年寄りたちは、浅草日本堤の方の提案を選んだ。そして、遠方移転への慈悲として、町奉行から五つの特典が与えられた。第一は、現在の広さの五割増しの土地の下付、第二は昼夜の商売の認可、第三は江戸中の二〇〇件以上ある風呂屋を取り潰すこと、第四は、町火消しの役割の免除、第五は、引越料一万五百両の授与である。

吉原側の経営者が、引越料をもらったのは、十二月二十七日であった。来春からの代替地の普請が決定されていたのだ。しかし翌明暦三年（一六五七）正月十八日に振袖火事とよばれる明暦の大火が江戸中を襲い、元吉原も類焼し今戸（いまど）・新鳥越（しんとりごえ）・三谷村（さんやむら）の百姓宅で仮宅営業を始めた。

仮宅から浅草日本堤の吉原での普請が終わり引越を完了したのは、同年の八月十日であった。そして、それから昭和三十三年（一九五八）三月末まで、この地は、公娼地域の中枢として君臨することになる。

この時点で、私娼、主に湯女は黙認されることなく、従来以上の厳しい取り締まりに晒されることになる。もう一つのこの時に決められたことで重要なのは、実行責任が江戸の奉行所の管轄の元で吉原の経営者に任された点だ。幕府権力と一体化した吉原の経営という側面が強調されたのだ。明治以降のような立派なものではないが、奉行所の門に似た大門が作られ隔離されたのである（注14）。

吉原の経営は思ったほど盛業とはならなかった。

『暦考』には、〈万治寛文の頃になると、江戸の隅々まで「茶や遊女」があらわれた。これは明暦年中に「停止」を命ぜられた風呂屋が、色々品を変えて茶立て女と称して、大勢の女を抱え置いた。その結果「吉原殊之外衰微」〉と記されている。

風呂屋は茶屋に形を変え、そこに湯女ならぬ茶立て女という遊女を置いたのである。こうなっては、吉原はまったく勢いを失ってしまった。そこで私娼がはびこり手を焼いた吉原は、反撃に出た。

場所は、風呂屋女が繁昌した神田から移り、多くの茶立て女を置いていた鉄砲洲である。

当時鉄砲洲は、西国・北国からの廻船の船着き場として栄えた。ここから日本橋方面へと荷物を運びこんだのである。江戸の物資流通のターミナル港といってもいいところだ。この茶屋の者たちが、奉行所何するものぞと鼻息が荒かったことは十分想像が出来る。雑俳に「鉄砲の真向にあたる佃島」とある。佃島と向かい合わせの位置である。鉄砲洲稲荷湊神社は多くの船乗りの崇敬を集めたことで知られる。『暦考』は、続けて鉄砲洲の吉原の業者と岡場所の業者の抗争事件について述べる。

鉄砲洲の抗争と公娼保護

〈寛文三年（一六六三）十一月、鉄砲洲三崎築地之茶屋町で遊女を抱えているという情報が吉原に入った。動かぬ証拠をつかむために、吉原の小間物屋久右ヱ門を客に化け（おとり捜査）させ、鉄砲洲の遊女を「買い上げ」（買春）させたのである。吉原側は売春の動かぬ証拠をつかみ奉行所にこれを訴え出た。奉行所の命令一下、二十六日の夜吉原の町人一八人が船に乗り、鉄砲洲の遊女小太夫他三人の遊女を捕らえ番所に引き立てた〉。ここまでは法に従った解決といえようか。しかし、茶屋町側は黙っていなかった。〈大勢の者が長い脇差などの武器を持ち手向かい、遊女を取り返した〉のである。この結果に吉原側も黙ってはいられない。〈吉原側では手首を切り落とされる者やけが人も出た。これでは吉原の面目は丸つぶれである。吉原関係者だけでは戦うには不十分であると臨時雇いの五〇人もの人足をかり出し奪われた茶屋の者を奪取した〉のである。

自営組織として認可され、私娼取り締まりの権利を有していた吉原ではあるが、その取り締まりは困難をきたしていたのであろう。『暦考』は、次いで寛文三年の徳川家綱の日光社参にふれ街道筋の岩槻(いわつき)・幸手(さって)・小山(おやま)・宇都宮・大沢などの宿場をあげ、「先達て風呂屋御停止ニ付、此頃茶屋遊女発興」と記している。風呂屋のように特に設備も不要な茶屋は、江戸の周辺地域においても簡易に茶屋遊女を増やしていったのである。

遊女の町売り禁止は、「寛永十八年の頃より、故なくして大門より外へ、むざと傾城共を出ださず」(「洞房語園拾遺」)とあるごとくすでに発布されており、それを明確にしたのが、吉原設置要件であるのだが、その曖昧さは払拭しきれずにいたようだ。鉄砲洲の事件はそれを物語るものだ。

鉄砲洲事件の翌々年、寛文五年(一六六五)に幕府は、さらに法令の徹底化をはかった。同年の『江戸町触集成』(注15 以下『町触』と略)は、

「前々よりばいた女御法度之旨、数度相触候得共、町中ばいた女隠し置き候もの之有り候

由……」と記し、〈今後、新吉原の者が市中「ばいた女」を発見した場合は、名主に断りを入れすぐに町奉行所へ訴え出ること、また家主などの責任者は、「新吉原之者共見出、家主名主方え相断り候共、ねたり者に取なし口論仕る間敷」〉と記している。吉原町の者を「ねたり者」と考え口論などしかけてはならないと命じたのである。「ねたり者」はねだり者。吉原の業者が奉行所にいろいろ甘えて要求することをいうのであろう。この布令は吉原の業者への保護政策の強化を目的としたものだ。公認売春営業は住民をまきこみ官民一致の方向へ強力に走り出したのである。岡場所への弾圧は一層強まった。

ケイドウ

岡場所弾圧による私娼摘発を「けいどう」とよんだ。漢字は「警動」「怪動」が一般的であるが、他に「計動」「改動」などとまちまちである。実質的〈ケイドウ〉(文書類にも「ケイドウ」と記すものも多いのでここではカタカナで記す)は、寛文期から始まったと考えるのが妥当であろう。

鉄砲洲事件以降も私娼の活動は依然として続いた。先の事件は、一種の見せしめ的な要素を有していたのである。そして、さらなる町触れによってもその効果は上がらなかったようだ。

寛文五年（一六六五）にはまた、吉原の江戸町の名主より訴訟があった。〈「所々方々大分発興（発生）の遊女、一二ヶ所にて五三人捕え」たが、なかなか止むことがない〉。そこで各所の遊女を吉原に組み入れるという方法、つまり奴女郎とよばれた、私娼、売女の吉原への囲い込みを行うという案が浮上した。吉原では、ただ働き同然で人員補充が出来るのであるから大歓迎である。

「吉原より遊女持所々へ申遣し候所、始は疑敷思ひけるが、翌年春二三月より二人三人づゝ吉原へ引越」（『厝考』）をしたとある。売女を吉原が引き取るなどということはどうもはじめはいぶかしく「疑敷（うたがはしく）」思ったものもあったようだ。吉原の伝統を汚すものだと考えた者もいたのであろう。

寛文四年（一六六四）の「高札覚え」には、博打や衣類の質素を旨とすることとともに、〈吉原以外の町中に遊女が隠し置かれていたなら奉行所へ訴え出ること、その遊女がたとえ〈長期にわたる年季奉公が残されていたとしても、すぐに保護者（主方）へ戻しなさい、「身楽」にしてあげなさい〉と記されている。また、〈遊女が業者から逃げ、直接駆け込みが難しいなら、誰かを頼み書面で申し出なさい〉（『厝考』）とも指示している。

緩やかな取り締まりというべきなのか。それとも、江戸時代初期、一七世紀の取り締まりの人情味のある行政というべきか。これは近代になり、廃娼運動の成果で行われた娼妓駆け込みの苛酷な実態とは異なり、「身楽」といった酌量の余地があるように感じる。売春が個人の責任によるもの、例えば性の倫理の欠如であるとかいった理由づけではなく、社会の構造そのものに問題点があると考える方向性をここに見ることが出来るのではないか。そう考えるのは私のうがちすぎであろうか。

また築地で事件が起きた。〈寛文八年三月四日、吉原から同心衆三〇人が築地に向かった。踏み込んではみたものの「遊女がましき」ものは一人もいない。帰りがけ、「茶屋入口小橋」の脇に「非人（貧人）一人」が薦を被っている。薦を払うと遊女であった。翌日また踏み込んで再探索し、徘徊するあぶれ者等と遊女はもろともに検挙された。そして、〈三月二十日より一〇日間で〈方々の茶屋共が五人、一〇人と遊女召し連れ〉出頭してきた。そこで〈吉原町へ「詫言」申入れさせ、吉原へ引っ越しさせた者もいた。「此時遊女持（遊女を抱えた者）五〇余人、遊女之数五一二人」ほどになった〉と、『暦考』は記している。約一〇人の遊女を抱える遊女屋の組織が出来ていたことを予想させ、また、この時期に本格的にケイドウが始動したことがうかがえるであろう。

この時の取り締まりの対象地域について、芝如来寺門前・本所横堀入江町・三左衛門町清水町・深川助右衛門町・築地鉄砲洲・芝高輪などであると注記されている。

岡場所の売女を吉原に下げ渡すということはこの後も続く。奴女郎などと呼ばれた遊女たちだ。元禄以前は経営者の売女屋を磔にするなどといった極刑もあったのだが、徐々に緩み享保の頃には過料（罰金）もしくは家財、家の没収になった。また遊女の保証人（請人）・その家主・名主まで処罰は受けるが、本人は三年の年季を限って吉原に下げ渡され、それ以降は本人の意思に任せるなどといった法度が享保五年（一七二〇）には出ている。

時代は下るが、寛政七年（一七九五）の『新吉原町定書』の条文には、〈「（吉原の）当番町の者（ケイドウで検挙した遊女の）人数を仕分け、当人名前を以って鬮取りにいたし、町毎に鬮に当たり候者（女たち）を引き取り、其町の遊女屋え」順番に預かった〉とある。町に割り当てられた彼女たちを物品のごとくくじ引きで行き先の遊女屋を決め、さらに入札して彼女たちの値段を決定したのである。

天保十一年（一八四〇）の「新吉原地獄女細見記」（内題「江戸町々地獄相稼候藝者幷に娘子御召捕に相成新吉原え被下置同處入札名前年齢等細見書」）には、地獄女（岡場所の遊女）の住所、取引値段、年齢などが記されている（注16）。

大伝馬町壹丁目　半助店義助娘　金十九両三分

かめ　十六歳　改め都路　江戸町二丁目　近江屋源七抱

といった項目が、六七項目ある。大伝馬町の十六歳の少女「かめ」源氏名「都路」が、十九両三分で、吉原の遊女屋近江屋の遊女として売られたというのだ。この細見の中で高額であったのは、長谷川町の「ゑひ」十六歳で、「四十一両一分十匁七分五厘」で揚屋町の「佐野槌屋勢以」の抱えになっている。源氏名が書かれていないのは、素人娘であったのかもしれないが未詳である。

ちなみに「佐野槌」は、落語「文七元結」で左官の娘が自分から遊女になろうとして駆け込んだところである。この時文七が落とした金は五十両、身売りの金も五十両である。

年齢は、十五歳から十八歳が多く、十二歳の例もある。最高年齢では四十二歳だ。

明治五年（一八七二）、横浜港に停泊中のペルー船籍のマリア・ルーズ号内の清国船員たちの奴隷解放を日本がペルー側に訴えた時、ペルー側は日本の遊郭にも奴隷制度が存在すると反論した。対して日本側は日本の遊女は養女であり期間も限定され、奴隷制度は存在しないと主張した。結果、ペルー側の主張は、国際裁判で受け入れられず、一方日本では、芸娼妓解放令（人身売買禁止令、牛馬切りほどき令などともいう）発布につながったことは周知のことである。人権を物品として扱うケイドウ処理は、日本の性道徳の汚点の一端を示しているものだ。一生の自由を奪うことは奴隷制度そのものである。

時代の流れに沿って禁圧の時代を述べていく。

『青楼年暦考』と茶立て女

吉原の経営者は、幕府の煮え切らない方針にいらだちを覚えたのか、延宝九年（同年改元天和　一六八一）七月五日、あらためて厳しい処置を求めた。

〈風呂屋が二百余軒あって「あかゝきこがしはこび」（垢かき小菓子はこび）と称して、遊女稼業をさせ、吉原の商売を奪い迷惑をおよぼしたが、（新吉原開設により）家屋敷も遠方に移転し場所を変えた。それ以来「風呂屋も悉（ことごと）くつぶれ」る結果となった。しかし、「御法度の遊女を抱え置き、世間へは茶屋と偽り」その茶屋に三年前から「給仕女二人」まで許可された。そして風呂屋女と同じように給仕女に遊女の商売をさせるようになった。そのため吉原は人通りも絶えてしまった。現在も実に多くの私娼がはびこっているから、「哀れ御慈悲を以て願い上げ奉る」〉と吉原側はお上の慈悲を求めた。吉原の切実な願いが聞こえるようだ。

この取り締まり強化は一定の効果を生んだ。天和二年（一六八二）には、「なだれ市兵衛町遊女八人」「深川永代寺門前遊女特四人並遊女召捕」、天和十一年には「白山町遊女六人召捕」「馬道遊女四人」が吉原に送られている。尚、この時の白山・馬道の遊女は親の方へ返されたと記している（『暦考』）。

元禄七年（一六九四）には、高札に〈以前より制禁の通り、江戸町々に遊女を隠し置いたのを知ったならば、早々に番所へ申し出る事。申し出たものは、「身のまゝ」にすべきものである〉（『暦考』）とある。「身のまゝ」とは、先の「身楽」のように親元あるいは自分の意志で遊女の立場を離れたということであろう。少なくとも法的には、遊女の「身」を解き放したということになるのであろう。

糸がきれた凧のように、奈落の売女稼業から脱出したとしても、彼女たちがいかなる結果になろうとも承知はしていないということでもあろう。

従来、高札におけるこの一文はほとんど看過されてきたようだ。これが正徳元年（一七一一）の高札立て替えの時には、乗り物・刀剣の制限規定はそのままであるが、「身のまゝ」

の一文は消えた。そして私娼の取り締まりに、違反者が出て「其所名主五人組地主迄」も処分対象とする布令が下った（『暦考』）。住民間の監視を強めたのである。これは私娼への差別が公然と庶民を巻き込む形で進行したというべきであろう。

享保十四年（一七二九）四月の記載には、〈「町内遊女」は、「病気之外、他処へ遣し候儀一切」禁止とあり、「近年芝居舟遊等にも出で候様に承り候」（『暦考』）と風聞を記し、今後は吉原の遊女が郭外に出ることがないようにと、吉原の遊女屋および茶屋の有志が申し出て、自粛体制を引いている。これは、吉原の遊女たちが、郭外に出て芝居見物や船遊びといった場所で売春行為が行われていたことをうかがわせる資料というべきかもしれない。

『暦考』で岡場所取り締まりの資料としては、寛保元年（一七四一）の「深川佃町添地遊女三十七人」と「下谷法福寺門前蓮光寺門前売女御捕（とらへ）、吉原町人へ預け下され候」というケイドウの記事が最後である。

『御町中御法度御穿鑿遊女諸事出入書留』（注17）

『暦考』とともに私娼〈遊女・ばいた〉取り締まりの実態をうかがうことが出来るのは、享保五年（一七二〇）に至るまでの私娼対策を記した『御町中御法度御穿鑿遊女諸事出入書留』（以下『書留』と略す）である。『暦考』と重複する部分も多いが、具体的地名などで補充する部分も多いので年代を追って摘出する。

元禄十五年（一七〇二）には、「遊女商売仕候所書」として、以下の地域があがっている。

護国寺前・鮫ヶ橋・青山新町・和泉町・南紺屋町・浅草観音門前之内広小路町・駒形町・田原町三丁目・田町・橋本町・品川町・四ツ谷新宿町・八官町・元大坂町・住吉町・山川町二丁目・千住町・板橋

また、元禄十六年の『書留』には、「本所」「小塚原」が加わり、駒形町、田町、山川町二丁目等が消されている。

二年後の元禄十七年（三月宝永と改元　一七〇四）には、ことに私娼の多い地域として、「八幡天神門前、白山、目黒、浅草並木町」の名前があがり、最近の状況について、「近頃は町々寺社領、御代官所」など至るところに「御法度之遊女」が大勢出ている。これらは子どもの時代から芸を仕込まれ「たわむれ候様」に仕込まれ、二十歳を過ぎると綿摘、三味線の師匠などといいどこへでも出かける。よんだ方でも居ながら「慰み」に出来るので、客が吉原に通うこともなくなった。田舎から集めていた女の子も品川はじめ、千住、板橋などに連れて行かれて吉原には遊女候補が集まらない。「剰え江戸御町中遊女発向」し、「江戸御町中端々の遊女を大勢預り隠置き申し候」などとある。江戸中どこを歩いても隠遊女がいたのである。

翌宝永二年の『書留』には、以下の町が「町中端々遊女場所」としてあがっている。

住吉町・和泉町・高砂町・堺町新道・大坂町・長谷川町・岩井町・江川町・神田小柳町・難波町・橘町・白壁町・竜閑町・佐久間町・南紺屋町・宇田川町・弓町・柳原松永町・三好町・鉄砲洲筑地・鮫ヶ橋・青山宿・本所割下水・法恩寺前・本所一ッ目弁天前・浅草大護院横丁・上野黒門前・谷中門前・芝神明・深川八幡・深川洲先・護国寺門前横丁共に二十丁程・千住小塚原・四ッ谷大木戸・品川本町、新町　此外所々に相見へ候

この内新たな町名が半数近くを占める。これを見ても、一八世紀はじめに江戸の町で岡

場所がさらに拡散していったことがわかる。

宝永四年（一七〇七）には、「住吉町（日本橋の裏河岸）本所吉岡町にて、遊女商売の者」が召し捕られ三月二十五日には「磔一一人、獄門一六人、火あぶり八人」処罰されたと記されている。先に見た「身楽」「身のまゝ」といった姿勢とは大きく異なる。遊女本人への刑ではなく業者に対する（この場合女房に売春させたという付記もある）極刑であり、『書留』と『暦考』の視点の違いもあり、一概にはいえないが、岡場所対策が厳しいものに変わって来たこと、さらに岡場所が拡大し、吉原が厳しい状況に追い詰められていることがわかる。

吉原内部崩壊

享保五年（一七二〇）には、支配権が寺社方・奉行方・町方にわかれて、隠売女の場所が記されている。後に述べる根津などは、権現の鳥居内は寺社方、隣り合せの宮永町は町方の支配である。この支配権の複雑さが、私娼取り締まりのネックとなっていたのだ。

寺社の周りに参詣の人々が集まりそれに応じて遊里が出来るというのが一般的な考えであろう。一方で遊里の多くが、寺社の管轄（地主として土地使用料を取る）の儲けと表裏であることと深い関係を有していることを見逃してはならない。また、寺社の影響のおよぶところは、一種のアジールといった治外法権的要素も持っていたのだ。『書留』は主要な場所の遊女の数も記している。

寺社方御支配
上野黒門前・洲崎弁天門前遊女六十人・谷中感応寺門前・根津権現鳥居内七百人・西久保八幡・神田小柳町

御代官所
千住遊女二百人・品川本宿、新町千五六人(ママ)・小塚原・内藤宿・本所回向院門前・板橋

御町方
根津宮永町遊女千人程・神田富山町遊女弐百人程・音羽町九町三百人程・元鮫ヶ橋町二百人程・新日比谷一丁目・同所岸町・同所永蓮寺谷二百人

程・畳町・深川越中島・大鋸町・芝神明前七軒茶屋・幸町・麻布永坂十番・金六町・同藪下稲荷前・永沢町・大坂町・永島町・住吉町・本所吉田町・同所吉岡町・同所長岡町・同所入江町・同所松坂町・同所柳川町・橘町・和泉町・難波町・竈河岸・新寺町辻番屋敷・米沢町

さらに〈吉原は遠方で往復に半日もかかる。雨や風が激しいと客はほとんどいない。出かける時には、一両日前から準備し、奉公人は仲間に仕事を頼んで出かける。妻に気を使い通わなければならない。近辺の遊女売女への出入りもさほど目立たない。吉原へ行く時は他の人に見られても申し訳が立たないが、近所の隠遊女屋に行く時には申し訳も十分に立つ〉(『書留』)などと記されている。

落語など気軽な吉原通いがイメージされているが、やはり吉原は交通の便も悪い、格式ばった吉原に行くにはそれなりの準備が必要だった。庶民にとって気軽な遊び場ではなかったようだ。対して岡場所がいかに気安く行ける場所であったかを物語る文書である。

また、続けて〈この頃、武家でも医者でも下女の奉公人が不足している、理由は岡場所の給金がいいからだ。十人の内八、九人は親も遊女奉公を望む。月に五両も稼ぐ者がいると、その内、一両二分は親元に送り、残金は雇い主の主人が取る。働きの悪い女はすぐに親元へ返す。また、神社や寺詣りに女が行きたければそれを許す。吉原では、年季明けまでは大門口から一歩も出さない、「年季之内に隙をとらせ候事」は以前よりありえないことである。「岡の遊女屋之義」は、月ごとで一年契約で召し抱え、「暇を望み候節は早速遣し申し候」という状況だから、吉原町に奉公に出るよりは、「脇々の遊女奉公」を望むのである。岡場所では、年季、外出も自由である。「下々賤（いやし）敷き者は当分の利徳を専（もっぱら）に存じ候故、下女奉公を望み候者も稀にて、多く遊女ばいたに出で申し候」この結果、近年は、「〈一般の〉下女奉公人払底（ふってい）」の状況である〉と述べている（『書留』）。

享保五年という時期において、吉原側は、自らが遊女たちの自由を奪っていることが、岡場所の繁昌を誘引していることを認め、あたかも閉鎖的吉原のシステムに疑問を抱いているようにも読み取れる。また、下々のものは目先の利益ばかり追い吉原のようなお上公認の遊女となることを避けている。一方で封建道徳の上で、吉原に売られることが、親孝行であり、「御公儀」に尽くすことでもあるともいう。

これは封建道徳の論理といったことで片づけることの出来ない認識である。「忠」（国家中心主義）と「孝」（家族中心主義）が相互に関係し、「孝」の対応関係とするべき公の「慈」

が、権力により切断され歴史を刻んだのだ。それは近代（否、現代）まで続く、まさに人権無視の根源的発想といっていいであろう。
岡場所が隆盛を迎える要因は、吉原至上主義の内部崩壊でもあるのだ。

「売女御免之場所」

享保十六年（一七三一）、町奉行所から老中に、吉原のほかに、「護国寺音羽町・根津門前・新氷川門前・深川洲崎辺・深川八幡町・本所横堀鐘撞堂」の六ヶ所を「売女御免之場所」としたいとの申し出があった（注18）。町奉行所の申し出が、吉原の遊女経営者からの要望を受けたものであろうことは、容易に想像がつくが、売女の取り締まりが、実効性をともなわなくなったことを証明するものであり、またあがった六ヶ所は、その当時の岡場所の代表的地域であることを示すものである。

この年、享保十六年に吉原では、多くの遊女を上方からよび入れた。ことに京島原からの遊女を引き込むことによって、ケイドウされた隠売女よりも、ある意味上質の遊女を得ることで吉原の遊女不足を解消しようとしたのである。上方（島原）からの〈下りもの〉（遊女）を、拡張を続ける江戸の経済膨張が、取り込んでいったともいえよう。それは、遊女ばかりではない、当時の経済構造そのものと歩を同じくしたものであった。

時代の政治的動向に関連する「護国寺音羽町」について述べておきたい。

護国寺音羽町

護国寺の門前から、ほぼ南方向に、江戸川橋までまっすぐな道がある。現在も音羽通りとよばれている一画である。その通りを挟んで一丁目から九丁目まで音羽町は広がる。

護国寺は、天和元年(一六八一)将軍綱吉が生母である桂昌院の願いを受け建立した幕府の祈願寺である。音羽は、元禄十年(一六九七)に、護国寺領となり町屋とした時に始まるが、その由来は、桂昌院の恩顧をうけ寵愛された奥女中音羽の名に由来する。

護国寺は眺めのよいところで立派に建ったが、江戸の中心から離れ人出も少ない。人寄せに観音堂を建て替えたところ、繁昌の地となり、町屋もうるおった。そこで茶屋に女を置くことを幕府は許可した。

今まで見たように、茶屋に遊女を置くことは厳禁である。元禄十年といえば、禁圧の激しかった時期である。こんなことが許されるわけがない。吉原の経営者は一様に不満であった。

徳川家との特別ゆかりの深い音羽に対する官許同様の遊女町形成のきっかけを与えたことに、人々は不満をいだいた。正徳二年の吉原からの訴状には、「茶屋遊女御免の場所の体に世間は風聞仕り申しなし候」（『書留』）とある。江戸の庶民ことに吉原の経営者は、「音羽はまるで官許の遊郭ゾーンではないか」「こんなことをするから、茶屋遊女が増え続けるのだ」と噂したのである。音羽の繁栄は、奉行所から幕府への忖度（そんたく）の結果であるといってもいいのかもしれない。

宝永七年（一七一〇）刊行の浮世草子『野白内証鑑（やはくないしょうかがみ）』巻五は、品川の茶女（ちやをんな）・板橋・千住・目黒（行人坂）・四ツ谷の新宿などの遊里にふれ、「中〳〵上方のやはらか成る女を見た目にては評判もおよびがたし」などとある。上方の客から見ると相当品が落ちるというのである。作者の八文字自笑は、京都の人であり江戸の地は知らなかったようだ。作者は、上方の優越性を意識してこれを書いているのである。浮世草子の多くが上方の本屋からの出版であり、この時期には上方の文化の優越性が強いことを証明する一文でもある。『野白内証鑑』は続けて、〈このような場所（岡場所）に通う客は、武家屋敷の雑用をする奉公人（小者（こもの））、また侍などとはよべない中間、江戸湾に出入りする渡海舟の船頭、八王子の近在から江戸へ柴・炭などを運んで来る者、街道で力仕事をする男たち、代参をする乞食坊主、荷物を担いで歩く行商人、隅田川の向こうの深川や葛西の農民たちである。それらの岡場所は一度の交渉が百文前後でセックスの渇きを満足させるところである〉といった具体的な客層を述べる。

その後で、〈根津と音羽は少しマシなところで、上方から見てもここは遊里らしい趣がある〉といい、〈料理もなかなかすてたものではない、着ているものも、絹物などで、かかとにあかぎれもないから、肌を合わせた時に腰をすりむくこともない。しばらくは、酒も飲むことの出来るところだ〉などと評している。雑俳に、

風車わるくなるは音羽丁
音羽町たんすの上に風車

などと、風車が登場するが、これは雑司ヶ谷鬼子母神の名物が風車で、その参詣の帰りに立ち寄る客が多かったからである。

品川に似て物静かであったという評価の一方で、安永三年(一七七四)刊行『婦美車紫鹿子』には、「中品下生之部」「音羽町　此浄土、髪のふう衣裳大てい三間堂に類す。人が

ら下品也。その上張り強く、顔で人切るの風、部屋持ちのあるのもおかし」とある。あまり品はよくないようだが、張りが強く、人を小バカにしたような雰囲気があったという評価である。岡場所では珍しく、部屋持ちのある遊女もいたようだ。

ちなみに音羽通りの裏側の横丁は、「腕づく長屋」などと称されて、乱暴極まりないすさまじい引き込みが行われたところであった。

『婦美車』の「下品上生之部」には、「音羽裏町　此浄土髪衣裳ともに大見世をまなぶ、しかし人柄およばず、モシモシとよぶ」などとある。また近くの音羽五丁目の狭く長い鼠坂にも遊女町があった。ここは、さらに品下って、同書には「下品下生之部　音羽鼠坂　此浄土さして評なし吉岡町に類す引ぱる」などとある。

音羽では、役人の検分が来ることがわかると、遊女屋が金棒を引きずって合図をした。すると遊女たちは皆表から姿を消し、役人が帰ると金棒をまた引き、遊女は店に戻ったりしたなどといったエピソードもある。遊女商売も宿にいるのは綿摘、芸者などと称し隠れ売春を行ったという。音羽と聞けば、奉行所も手を出しにくいところであったのであろう。

音羽は、享保年間（一七一六〜一七三五）に〈ケイドウ〉（本書第三章ケイドウ参照）が何度か入り、末年には、家財も闕所、遊女屋の亭主も一〇〇日の手鎖になり、遊女たちも品川・板橋などの宿場に離散している。さらに延享の頃（一七四四〜）に復活、音羽九丁目の西側の裏手の桜木町や鼠坂周辺を加えて繁昌の地となった。廃絶となったのは天保の改革によってである。

音羽は幕府におもねる形で成立したが、その後は厳しい取り締まりに晒されながら、天保の改革まで命脈を保ったのである。

真山青果は、「西鶴と江戸地理」（注19）の末尾、「品川の遊女禁止」についてふれた後で、法令の厳しさがさほどのものではなかったという論者のいることに対する反論を述べて、取締令の事実は、「法令条文の有無によってのみ判断すべきものではなく、寧ろ当時の為政者が寛文以来頻出してゐる隠し売女の取締令を、いかに厳重に、或は酷烈に行使運用したかといふ事実の面から審察しなければなるまい」そして天和・元禄期の状況を「徳川政治の全期間を通じて、売春婦掃滅のために斯くばかり酷法を濫用した時代は、恐らく他に類例がないであろう」と述べている。

青果の言は、天和・元禄という西鶴の時代を対象としているが、それは禁圧と活況の狭間ともいうべき享保時代（一七一六〜三五）までの岡場所の状況を語る一文といってもいいであろう。

第四章 岡場所活況の時代 その一

岡場所は宝暦（一七五一～六四）の時代に最盛期を迎えるのだが、その直前における内藤新宿の成立と廃止を見ておきたい。この時代の岡場所の置かれた状況をよく表しているものだ。

内藤新宿開発

内藤新宿が、宿場町としてその都市化計画を実現したのは、元禄十一年（一六九八）である。その開発の主だった者たちは、浅草阿部川町の名主をはじめとする人たちであった。幕府へ五千六百両の上納金をおさめることを条件に、高遠藩主内藤家の屋敷や旗本屋敷などを上地（あげち）（幕府が土地を没収する）にして、幅五間半（約一〇メートル）の道を新たに作り開発がすすめられたのである。近代以降で遊郭を作る時に新地に引き込み道路を敷設したが、ほとんどその要領である。今の新宿区新宿一丁目から三丁目までの両側が内藤新宿、角に伊勢丹のある新宿三丁目交差点が追分（甲州街道が南に折れ、青梅街道が直進して分岐する所）である。

浅草の名主の実態はよくわからないが、浅草方面の新興〈江戸〉資本が、新宿という新たな地に進出を目論んだのであろう。当時の江戸は再開発がすすめられ土地への資本投機で儲ける商人が増加した時である。宿開設の主たる目的は、甲州街道の初めての宿場高井戸が、日本橋から四里以上離れているため荷物の運搬に不便であるというのだが、それはかなり表面的理由に過ぎなかった。青梅街道と交接する地域でもあり宿への住民負担以上に流通経済の振興に期待が込められていたのだ。

先にあげた元禄十五年の『書留』では、「四ッ谷新宿町」宝永二年の同書には「四谷大木戸」の名があがり新宿周辺に隠れ遊女の存在をうかがい知ることが出来る。享保五年の同書でははっきりと「内藤宿」に遊女の摘発が行われたことが示されている。四ッ谷から大木戸を含めた広い範囲ではなく内藤新宿と絞った地域で隠売女摘発が行われたのだ。

内藤新宿廃駅

ところが、開設から二十年ほど経った享保三年(一七一八)十月に内藤新宿は廃駅になった。享保二年町奉行となった大岡忠相により、淫靡目に余るものがあると風俗粛清改革にあったのである(表面は甲州道中の旅人が少なく、利便性の必要性がないというのが理由だが、そんなことは初めからわかっていたことだ)。遊女屋の機能も持っていた旅籠屋の二階部分はすべて撤去されたのである。新宿関連の多くの歴史書で享保三年廃駅説をとっているが、少し疑問もあるようだ。廃駅を享保五年とする説もある。確証はないが前記のごとく享保五年の『書留』に内藤宿の名があがっていることから、享保三年以降も残存する家並みがあったと考えるのが自然であろう。『江戸砂子補正』（注20）に以下のごとき話がある。内藤大八事件とでも呼んでおこう。

〈四谷大番町で四百石を得ていた旗本内藤新五左衛門の弟大八は、小兵ながら三尺の大きな刀を差し合印の鯨雪駄を履き新宿で遊び暮らしていた。その大八が、「売女貰引（もらいびき）」（客のついている遊女が他の客によばれてその席を下がること）で、宿の信濃屋と諍いとなり、信濃屋の下男にぶたれ打ちのめされて家に帰ったところ、兄新五左衛門が腹を立て、大八を切腹させ、山田浅右衛門に首を切り落とさせ、その首を大目付に持参した。そして弟のことは始末をつけたので、「私知行を差し上げ」その代わりに「永代内藤新宿御潰し下されるよう願い奉り候」と言上におよんだ、そして内藤新宿は取り潰しになった〉。

大八は、旗本の次男であろう。仲間と同じ合印の鯨の雪駄、今ならクロコダイルか蛇皮の派手な革靴でのさばっている暴力団風の組のものといった感じであろうか。町のあぶれ者、かぶき者で徒党を組んでいたのである。内藤家ゆかりのものであろう。とすれば、自分たちの屋敷を提供してできた宿場で大きな顔をしたくなった気持ちがわからないこともない。実際に上げ地として宿場に提供した旗本は、「内藤家」「朝倉家」「井沢家」である。

「貰引だと、御指名なんぞは大八が来たからには通じない」「いやいや、これは遊びの約束ごとです」と無法者に手を焼く店の男たち。「町人ごときにむざむざと打ちのめされたのか。腰抜け、恥を知れ」といった兄の怒号も聞こえる。そして実に強硬な啖呵を切った。「弟は御覧のごとく罪人として成敗致しました。天下認証の首切り浅右衛門の切った首をご覧いただきたい。加えて拙者も知行四百石はそっくり御公儀に返上いたしましょう。その引き換えに是非ともこの内藤新宿なる宿場を未来永劫取り潰していただきたい」と申し出たというのである。こちらも犠牲を払うから、お上も「町」を潰してほしいというのである。何ともすさまじい剣幕というべきか。直参旗本が意地を見せたというべきか。今繁栄している町を命と引き換えに取り潰そうというのである。直参の武士たるものの一分か。戦国武士の遺風、残滓が、旗本奴によって示されたとか、武士の倫理が風紀粛清をよんだなどといった解釈もあるようだ。

江戸の繁栄は拡散していた。江戸の庶民の郊外への行楽、レジャー文化は確実に広がりを見せていたのだ。新宿は、新興のレジャー基地の役割を果たしていた。新興であるが故に抱え込まなければならない無法性、勝手気ままな自由が横行する都市風俗の乱れ、それに応じるように、家に縛られ行き場を失い、将来への夢を放棄させられた旗本の次男坊たちが野放図な行動に出たのである。この時代の社会構造を反映した事件であったといってもいいであろう。

そもそも宿場に飯盛女を置くことを認めたことは、半公認の遊郭を認めたということである。近現代の表現を使えば、赤線の吉原に対して、内藤新宿は青線である。青線にも似た構造を持つ岡場所への抑圧政策が徹底されたといってもいい。

宿駅の設置は内藤新宿をあいまいな売春地域として認可したことの証しである。甘い目こぼし政策が隠売女の増加に拍車をかけ、その結果徹底的売女取り締まりと宿駅廃止につながったと考えるべきであろう。そして、内藤新宿の廃止は、享保の改革を進める上で、強い権力の誇示にもつながり、見せしめ的効果を狙ったことも事実であろう。しかし、宿場の商人たちにとっては、何とも腑に落ちない処分であったに違いない。

今、東新宿から大久保通りを歩くと、尾張藩の広大な下屋敷（現新宿区の戸山公園一帯）が内藤新宿の目と鼻の先にあり、さらに上屋敷（市ヶ谷の防衛省）が続く。将軍吉宗の緊縮政策を嫌い、芝居小屋や遊郭の設置で景気回復をねらった尾張徳川家宗春のことなどを思う。内藤新宿は吉宗の政敵尾張徳川のおひざ元であったのだ。時の政権にとって内藤新宿が盛んになっていくことは目障りであったに違いない。

新宿夜話

この事件をもとに岡本綺堂作の歌舞伎『新宿夜話』が昭和二年本郷座で上演されている。大八の兄の名前を、斎藤甚五左衛門と変えているが、主な筋書きは同じである。兄を演じているのは、歌舞伎の近代化に力を尽くした二代目市川左團次、一幕三場の短い話であるが、的確に歴史状況が踏まえられている綺堂ならではの佳品だ。

事件後、出家した斎藤甚五左衛門（老僧）が、久しぶりに新宿に戻って来る。宿はずれの茶屋兼安宿の亭主との会話である。遠くから歌や太鼓の騒ぎ音が聞こえる。

老僧　あの唄や太鼓はどこだな。
亭主　（笑いながら）この新宿でございます。
老僧　新宿……。（すこし考える）内藤新宿の茶屋旅籠屋は取り潰しになったはずだが……。
亭主　さようでございます。今から四十年ほど前に永代お取り潰しということになりましたが、当春からふたたび御免になったのでございます。
老僧　いったんお取り潰しに相なったものを四十年後にふたたび御免……。どういうわけかな。

亭主　新宿お取り潰しの後は、高井戸を馬継ぎの宿にかえられたのでございますが、日本橋から高井戸までは三里半、なにぶんにも道中が長うございまして、馬や人足も難儀いたしますので、昨年から新宿再興の儀を願い出でまして、当春よう〳〵お許しになったのでございます。こゝは日本橋から二里ということになっておりますから、やがて今までの半道(はんみち)で、道中の者はみな助かります。

老僧　それならばただひととおりの問屋場(といやば)や旅籠屋だけを許されたらよさそうなもの。飯盛(めしもり)の売女(ばいた)までを許されて、あのように唄いさわぐとはその意を得ぬことだな。

亭主　（また笑う）御出家様から御覧になりましたら、定めて不思議にも思ぼしめしょうが、やはりこういうところにはあのようなものがございませんと、宿が繁昌いたしませんし五街道の内でも甲州街道は一番さびしいところで、新宿が取り潰しの後はまるで草原(くさはら)同様になっておりましたが、それが御免になりますと急に夜が明けたようになりまして、御覧の通りの繁昌で土地の者もみな喜んでおります。

老僧　茶屋旅籠屋に売女を置いて、往来の旅人（りょじん）に色を売らせねば、この土地が繁昌せぬというのか。

亭主　こう申してはいかがでございますが……。（頭をかく）とかく世間は色と酒で、どうも致し方ないようでございます。ここに色町（いろまち）が新しくできましたので、往来の旅人ばかりではございません。山の手一円のお武家も町人もみな珍しがって通ってまいります。はゝゝゝゝゝ。

老僧　（聞きとがめるように）武家も通（かよ）ってまいるか。

亭主　ずいぶん通ってお出でのようでございます。今から四十年前と申しますと、私共がまだ子どもの時分のことで、詳しいことはよく存じませんが、この新宿がいったんお取り潰しになりましたのは、やはりそのお武家の一件からだそうでございます。

この後セリフは、事件の経過を説明することになるのだが、取り潰し後の宿の情景や、町人と武士の思いを対照的に実にうまく描写しているといえるであろう。綺堂が、宿の再開が四十年後とした理由はわからない。宿の再開は、十一月に安永と改元した明和九年（一七七二）である。

内藤新宿再開

『江戸砂子補正』は、内藤新宿再開の様子を、〈明和九年に「山師ども願いに付」、年貢十六両一分と営業税（冥加金）百五十五両を毎年上納することを条件に大目付と勘定奉行に認可申請の申し出があった。そして、以前の通り、旅籠屋五二軒、飯盛売女一五〇人が許された。芝神明からは、以前新宿にいた橋本屋も戻り、事件で家が断絶した内藤新五左衛門の息子は御書院番に、またその息子の九歳の猪三郎は小普請組に取り立てられた〉と記している。

内藤新宿五十四年ぶりの復活である。いよいよ本格的繁栄の道がつけられたのである。ここで私が注目するのは、この再開をもたらした者が「山師ども」であるという点だ。

平秩東作

〈山師〉とよばれている人物は、宿の再開後、冥加金負担の総責任者も務めた稲毛屋金右衛門である。彼は宿場再興の裏の立役者だ。宿場再興の代償は千四百五十八両ともいわれる。新宿再開の裏には、実に膨大な金額が動いたことは確かである。金右衛門なる男の働きなしに大金の調達はあり得ず、内藤新宿の復活はなかったのだ。

山師とよばれた男、稲毛屋金右衛門は、江戸の狂歌を聞きかじったものには、まことに著名な戯作者平秩東作である（注21）。

平秩東作、本名は立松懐之。号は東蒙、平秩東作は筆名。新宿区富久町善慶寺に彼の墓がある。略伝は、『庫裡法門記』（注22）に詳しい。『庫裡法門記』は立松懐之が寛政元年（一七八九）亡くなる直前に息子に残した遺書である。

父は尾張の生まれ、尾張藩の分家美濃高須藩の松平義孝（徳川宗春の兄）に仕えたのちに、内藤新宿の馬借稲毛屋金右衛門から株と名義を借りてその名を通称とした。高須藩の上屋敷は、現在の新宿区荒木町である。尾張藩上屋敷とほぼ隣接している。

稲毛屋は、現在の新宿二丁目にあり、仲通りをはさんで成覚寺（後述）と背中合わせだ。享保十一年（一七二六）平秩東作はここで生まれた。十歳で父を亡くし、稲毛屋を引き継いだ。彼は自家の馬宿経営（煙草屋も兼業）に必須であった内藤新宿の再興を思ったに違いない。

彼は明和四年（一七六七）には、〈お蔵法門〉事件に巻き込まれている（注23）。お蔵法門は浄土真宗の非合法的秘密結社の様相を持つ隠れ念仏のカルト集団である。彼は、隣家の五郎八（酒店店主）に誘われ隠し念仏に通うのだが、その異常性に気づき、主犯の吉原の茶屋権兵衛らを、以前から縁のあった勘定奉行石谷（いしがい）清昌（きよまさ）に密訴した。仲間を売ったといってもいいかもしれない。『庫裡法門記』はこの事件の全貌を取り上げたものである。この事件のことは、内藤新宿の名主によって作成された明和三年から同五年までの訴訟記録『御訴出入牒』にも出ている。主犯格の権兵衛は、吉原の茶屋の主人であり、権兵衛宅は、この事件の本部ともいうべき場所であった。

新宿育ちの金右衛門こと平秩東作の胸中に吉原に対する対抗心があったように思えてならない。この事件が吉原の経営者に衝撃を与えたことは確かである。衰退の歩みが急速に進む吉原は明和五年さらに八年と、全焼の憂き目にあっている。

明和七年（一七七〇）、内藤新宿復活請願の動きは、吉原の衰退と反比例しながら速度を増し、前年には田沼意次（おきつぐ）が老中格になり、この動きがさらに勢いを得たことは確かである。翌八年には、他の町からの移住者の募集も始めている。彼らの元地を見ると、芝神明の橋本屋の他、根津門前、谷中感応寺門前、浅草馬道、谷中、三田同朋町などといった岡場所で旅籠屋を経営し居住していたものが多い。内藤新宿が特定の客層を持たない岡場所として繁栄していく要因の一つはこの辺にあるのであろう。

明和九年に宿場が再開されるが、その時の宿役人の中に、金右衛門の名前もある。役割の分担では、「払方添役」「上納方」である。代官とのつながりが深いことによるものであろう。会計監査役あるいは税金支払い責任担当といったところであろうか。しかし、金右衛門は、安永九年（一七八〇）にこの役を降りて息子の八右衛門に譲っている。上納株を担保にして借りた金百二十両の支払いがうまくいかなかったのがその理由であるという。

人は彼を山師とよぶ。安永二年（一七七三）伊豆天城で炭焼きに手を出したが、二千八百両の赤字を作り、同四年には、材木商を行いこれにも失敗する。そして天明三年（一七八三）には蝦夷地にわたり抜荷（密貿易）の調査や奥尻島の開発、ロシアとの交易を目論んだりした。山師根性の人というべきかもしれない。

彼はその著書『東遊記』（注24）では、松前藩の運上年間収入が一万両あまりであるといった具体的な報告も行い、松前藩のその財政の豊かさに目を付けている。東作の松前行きは、田沼意次の懐刀、勘定組頭土山宗次郎の命によるものである。東作は田沼政権の大蔵官僚の手足だったといってもいい。

山師とは胡散臭いイメージばかりではない。「除地有之處、山師共見立、新田開発を発願」（『古事類苑』）の用例からいえば、投機師である。新田を開発するように、内藤新宿の繁栄を企図したのである。明和・安永・天明と続くバブルの上昇景気時代、田沼政権の金回りのよさがなければ、内藤新宿は成立しなかったのだ。

戯作者として、また山師としても、ほぼ同年代（源内は二歳年下）の平賀源内と比肩するような位置を平秩東作はしめていた。安永八年源内が病狂喪心し、人を殺め、狂死（あるいは自死）した折に小伝馬町の牢に迎えに行き、橋場の総泉寺に葬ったのも彼だ。源内の『風流志道軒伝』（宝暦十三年刊　一七六三）の跋を記し、出版の労を取ったのも彼だ。しかし、平賀源内との相違は、源内が神田白壁町に居を構えながらもその居場所に愛着を持ち得なかったのに対して、平秩東作は後に住居を鉄砲洲に移してはいるが、あくまで内藤新宿の人であった。時代の寵児、平賀源内に十五歳の大田南畝を紹介したのも平秩東作である。彼は新興江戸文壇の核心であった。

新宿モンパルナスの開花

内藤新宿再開の二年前、明和七年のある日のこと、四谷忍原横町（新宿区四谷三丁目から左門通り）の御家人小島源之助（唐衣橘洲・二十八歳）の家に、牛込仲御徒士町（現北町）

の幕臣大田直次郎（南畝、四方赤良、蜀山人・二十四歳）、京橋の湯屋大野屋喜三郎（元の木網・四十七歳）等、そして平秩東作が集まり、狂歌の会を行った。写本で残る江戸天明狂歌壇草創期最古の『明和十五番狂歌合』がその様子を伝えている。判者内山椿軒、萩原宗固から高い評価を受けたのは橘洲、その次が東作である。忍原横町といえば、三遊亭円朝の「塩原多助一代記」で有名な町である。奉公していた多助が荷車を引く時にこの町の悪路に苦心惨憺し、後にこの道を自前で修復したことで「塩原横丁」とよばれた。庶民の歌（狂歌）ののろしがふつふつと内藤新宿の汚泥に囲まれた町であがっていたのである。

狂歌人の中にも、内藤新宿周辺に住居する人物は多い。橘洲・南畝とともに狂歌三大家といわれた牛込二十騎町（新宿区二十騎町）に住む幕臣朱楽菅江、内藤新宿を拠点にした石川雅望こと宿屋飯盛。辻番所の番人山田屋半右衛門は、九段坂通りの飯田町中坂下に住居し、また、内山椿軒とともに指導に当たっていた萩原宗固は市ヶ谷住であった。西新宿常円寺に南畝書の石碑を残す便々館湖鯉鮒こと幕府御家人大久保正武は牛込山伏町に住んでいる。やがてこの集団が深い教養と奔放な言葉使いで天明狂歌壇を形成し、一世を風靡することとなるのだが、それが岡場所内藤新宿復活の二年前であることは強調しておきたい。復活した岡場所内藤新宿は天明時代の文化エネルギーの震源地であった。

平秩東作は、その渦中にあり、キーマンである。「四谷、市ヶ谷、牛込は芸術村の観を呈し、江戸文壇を築いてゆく重要なトポス」であったと表現したのは、東作の全貌を世に明らかにした井上隆明氏の言である。あたかもそれは、昭和の世、戦前の一時期貧しく、才気あふれた詩人・画家たちが集まった町を「池袋モンパルナス」とよんだひそみに倣えば、貧しさと引き換えに余暇を得た下級武士と一獲千金を夢見る新興商人が狂歌という文芸世界を媒介に繰り広げられた解放区「新宿モンパルナス」であり、その基地が〈岡場所内藤新宿〉であったのだ。

四谷大木戸から外は江戸の郊外である。内藤新宿は、都市と郊外（田舎）の境にあり、江戸の中心部から見れば辺境性を有し、一方では周辺都市文化が醸成された土地である。

東作が〈お蔵法門〉事件に巻き込まれていた明和四年三月から六ヶ月後の九月、十九歳の大田南畝が『寝惚(ねぼけ)先生文集初篇』出版によって、戯作文壇に衝撃的デビューを飾る。今なら差し詰め天才少年文壇衝撃デビューといったところであろう。二年前、南畝十七歳の時に原稿を見、出版の労を取ったのは平秩東作である。内藤新宿文芸圏が南畝を押し上げたのである。この波が、世相の中で、田沼意次への権力の集中と相まって新たな岡場所、内藤新宿復活を早めたことはたしかである。

いささか余談めくが、大田南畝のことがあまりに知られていないようだ。江戸時代一般民衆にもっとも受けたのは、市川團十郎・谷風をしのいで大田南畝であったとは、江戸文学の泰斗森銑三の言である。

いよいよ、内藤新宿がふたたびにぎわい始めた。

宿場に問屋場宿次が建立されて、遊女を置く許可が出たのは二月、店に女性たちが並んだのは四月である。江戸に戻った平賀源内は、この年の秋の頃に、内藤新宿を訪れている。大田南畝の『仮名世説（かなせせつ）』（文政七年序　一八二四）には、

> 四谷新宿に飯盛女の出来し時、風来（源内）一夜遊びにきしときゝて、平秩東作が発句を書きて贈れり。
>
> 　鳴いたかの一夜あかしの浦千鳥あかしといへる妓なりけり

とある。二代目高尾が伊達の殿様を見送った一首「君は今駒形あたりホトトギス」を踏まえ、見送る遊女の気持ちに、ホトトギスならぬ浜千鳥の鳴き声を寄せたもの。明石の名は、天明八年の『内藤新宿細見』には、若松屋の遊女とあるが未詳。

その大田南畝は安永四年（一七七五）、復活して間もない内藤新宿を題材に『甲駅新話』を刊行した。新宿を題材とする洒落本の嚆矢である。これを書いたのは、兄弟子東作への返礼の意味もあったに違いない。内藤新宿宣伝の書である。

洒落本『甲駅新話』

『甲駅新話』の作者戯名は「馬糞中咲菖蒲述」とある。当時流行の潮来節「潮来出島のまこもの中で、あやめ咲くとはしほらしや」を踏まえた名前だ。

序文は「いたこ出島のまこもにはあらで、四谷新宿馬糞の中に、あやめもしらぬ（菖蒲と黒白の境目を知らぬ、あやめしらぬを掛ける）一巻をひろひ得たり。……品川と肩をならべて、駅路の鈴の音たえず、玉川の流れつきせずして、柳新葉のかるゝまで、この桜木の朽ちるまじきにこそ」と記す。新宿のメルクマールは馬だ。どのくらいの数の馬が行き来していたか。通行税を取ろうという話があった時の文書が残っている。人からは、一銭、馬からは二銭の徴収を見込み、一日人が二五〇〇人、馬が四〇〇〇頭通行するとしている。「馬子一人で三、四疋づつ引いて通るは、皆雑役馬なり」（『契国策』）などと一人で何頭もの馬を引いている。一人で六〇頭もの馬を引いたという話もある。今の新宿中央通りから伊勢丹前の辺りまで、一日四〇〇〇頭もの馬が行き来していたと想像するのもあながち誇張ではないようだ。そして、その宿場の馬糞の中に遊女（菖蒲）たちがいたのである。

「馬糞中咲菖蒲」というのも単なる戯作表現ではない。歌川広重の『名所江戸百景』の「四ツ谷内藤新宿」は、馬糞と馬の脚から宿場町を見る構図だが、これを巧みな遠近法と誇張表現などと評するばかりではあたらないのだ。馬まみれのリアルな新宿の姿なのだ。

『甲駅新話』の発端は、型通りの情景描写。近くの天龍寺では蜩（ひぐらし）の声とともに時の鐘を知らせ、轡（くつわ）の音とともに二人の馬子の会話。

仲間の家で出産に立ち会った話である。「がうら」（がらのもっと強い方言、まったくの意）「おじめ」（いじめられるの方言）など、いわゆる東国方言の連発で新宿の田舎風景が強調される。

そこで登場するのが、二人の男。一人は谷粋（やすい）（安い半可通の意味）と名付けられた武士である。脇差を落とし差しにして粋な格好を一応しているが、鞘は色がさめややくたびれている。笠の下に風車を指しているのは、近くの雑司ヶ谷鬼子母神名物、参詣帰りというのであろう。もう一人は、金七（金公）、これは町人である。うぶな息子株といったところで谷粋が色々先導している、金公はここに泊まる言い訳を堀之内（現杉並区の堀之内妙法寺）

におこもりの参籠にしようかなどと考えている。堀之内への参拝を言い訳に内藤新宿に来るのも、浅草の観音様へ詣でるのが吉原行きの言い訳パターンと同じこと。馬が増えたが、道がそんなに悪くならない、それには「商べへ屋が出来てから石をいけへこと（どっさり）入れたから、ちつとは直つたのさ」などと応じている。

街道の分岐点の追分から、一〇キロほどはくぼ地であった。長雨の時には馬も泥濘（ぬかるみ）で動けなくなったそうだ。盛り土にして雨水をお歯黒溝に流した吉原や蠣殻（かきがら）をしいた深川、傾斜地にあった品川と異なり、四谷の大木戸までは石畳が引いてあったが、内藤新宿まで来ると田舎道で、雨では泥濘、晴れた折には馬糞風といったところであった。それがこのところ宿が復活してだいぶ良くなったという。

谷粋が、知ったかぶりを発揮して、赤坂の氷川（当時深川仲町と並ぶ岡場所として繁盛した）から来た上総屋（かづさや）などの階段が豪勢な黒塗りだという話や大きな泉水もある太宗寺（たいそうじ）（現新宿二丁目）の庭を自慢する。そして太宗寺の見物には、女郎が一緒に行ってくれるなどと話をしながら、茶屋に行き、あれこれ悩んだ末に紀の国屋という遊女屋にあがる。太宗寺は、内藤新宿のお閻魔さんとよばれて今も信仰を集めている。

嫌味なことばかりいう谷粋は、敵娼（あいかた）の若い勝気な遊女（綱木）に嫌われるが初心（うぶ）な金公は、年増の相手（三沢）に可愛がられる。これも洒落本のパターン。金七は、一緒に来た谷粋をあまり知らないようだ。相手の年齢の話からの次の会話はなかなか意味深である。

金　そんならほんに言おふ。二十三か四だろう
三　よく見なんした。二でおぜんす。女といふものはふけるものだねへ。谷粋(やすい)さんとやらはへ
金　いくつだか知らねへ
三　ヲヤ連衆(つれしゅ)の年を知りなんせんかへ
金　ナニサそんなに心やすかねへ。一座は今夜が初(はつ)だもの
三　ほんにかへ。いつそよく口をきゝなんすね
金　高慢(こうまん)ばつかりいふよ
三　新(しん)やしきかへ
金　ウ……
三　ぬしやァ何所(どこ)だへ
金　わつちも新やしきさ

着目は、金七の「ウ……」である。「俺は……」と答えに窮して、そのまま肯定できないのである。三沢の方では、谷粋の風体からどこのものかお見通しであったのだ。金公が自分も新屋敷から来たのだというが、そんないい男が新屋敷のわけがない、また一人で来てねといって便所に行き、次に静かに床入りとなるのである。

新屋敷は、一般的に新たな開墾地や造成の屋敷地をいうのであるが、もと大名屋敷であったものを幕府が召し上げ、下級武士の宿舎に転じたところもよんだ。内藤新宿では、元禄の頃から内藤家の屋敷の一部が旗本などに分譲され次第に新屋敷になっていった。現在の新宿御苑の南側あたりである。「四谷新屋敷辺至て人物あしく、御旗本にても大小さし候は稀にて、単物に緋ぢりめんの丸ぐけなどいたし、脇差一本或は無刀の者多く……おのづから人物よろしからず、放蕩のみの人多く御ざ候」（『よしの冊子』）といった評判もあった。武士のようだが、そうでもない。赤い縮緬の丸帯を単衣の着物にまきつけ刀も差さないものも多いという。教養のないあぶれ者の下級武士といったところであろう、狂歌壇に出入りする者とおそらく身分はさほど違いはない。

遊里と農民

話を、金公と三沢の隣座敷の様子に戻す。遊女の名前は折江、相手は田舎客孫右衛門である。孫右衛門はお上の御用で田舎から出てきてここに居続けている。田舎では、先祖代々お上の御用をつとめ一、二を争う金持ちである。田舎歌舞伎で役者を勤め大いにもてた自慢の後、話にうまく乗った折江は二両を無心する。孫右衛門の鼻の下は長い。

孫　お身さまがいふ事ははあ、お代官様（でへかんさま）のお触（ふれ）だァとおもふもの
折　ほんにかへ。いつそ嬉しうおぜんすよ
孫　嬉しかァこつちへ寄なさろ
折　待（まち）なんし。ゆかたが引（ひっ）かゝっていひす

農民にとって、遊里は歓迎すべきものではない。流通人口の多い港町や宿場では多くの金を落とし消費の拡大が見込める。町の者はその故に遊里の発展を後押しする。しかし、農村では遊里に入りびたり自己破産に陥ることも多い。都市遊里に対する農村の目は厳しい。

時代が下るが、文政十年（一八二七）に、幕府は各地域をまとめてリーダー（親村）となる町を決めて治安維持を図ろうとした。親村の制設置である。江戸の西、つまり下井草、阿佐ヶ谷、天沼、柏木、荻窪など、二十一ヶ村のリーダーを決めようとした時のことだ。この時、まずお上から代表として指名されたのは、多くの税を納めている内藤新宿であった。しかしそれに対して農村部から反対の声が上がり中野村に変更される事態があった。内藤新宿反対の趣旨は、内藤新宿が江戸の町と変わらない風俗の町だ、よそ者が入ってきて風俗が乱れている、近場の農民もそれに溺れる。子どもたちにも悪影響が生まれる。農村とあまりに違い過ぎる生活パターンで遊里として栄えるところのものをリーダーにすることはできない。中野村を代表としたいというものであった。

ここには農村と都市の対立が垣間見えている。内藤新宿で遊ぶ客の得意先は、隣接地域とでもいうべき金持ちの百姓であった。孫右衛門と折江の場面は、都市と農村のあいまいな境界にあった内藤新宿の現状を映しているといってもいいであろう。

さて、次は帰りの場面、朝の「二階座敷」である。相手の遊女はなかなか起きてこない。

谷　是（これ）さ、用があらァな。目をさましなせへ。コウ〳〵

綱　拝（おがみ）いす。寝かしておくんなんし

谷　マアちよつとこつちよヲ向きなせへよ

綱　エ、モウうるせへ。よしなんしよ

谷　エ、何だ、此（この）ふんばりやァ（すれっからしの強情者。下級遊女への蔑称）良（ゑ）へかと思やあがつて、甘（あめ）へことばを懸（かけ）りやァつきあがりの下びろうどの縁（べり）のぼんござに寝ると思（おもつ）て、めつたに大きな面（つら）ァしやがる。なんぼ高くとまつても、たかゞ飯もりだ。此よふな貧乏屋台（やてへ）でやすくされる（甘く見られる）よふな野郎（やろう）じやァねへよ。惣（そう）てへいめへましい

遊女の啖呵の切れ味も面白いが、寝床が賭博の盆茣蓙の下、ビロードの縁をしたようなものが使われていることにも注目だ。内藤新宿の相手は、宿場女郎であり飯盛女ではあるのだが、新興の岡場所としてそれ相応の設備を持っていたのである。茶屋のあることも、また二階座敷のあることでもそのことは知れよう。

煙草盆を放り出したり、二人の応酬は続くのだが、二人の間に金公や若い衆が入ってようやくおさまり店を出る。

末尾の一行も引用しておく。鐘は天龍寺の時の鐘。

夏の夜は、まだ宵ながら明ぬるを、知らせよふとて烏がかあ〳〵、鐘がごん〳〵、舂米屋ががつたり〳〵

新宿遊里散歩

鐘は、今も新宿駅南口から北に下った天龍寺に現存する。遊里に近く、きぬぎぬの別れを告げる「追い出しの鐘」などとよばれ、嫌な客はこの鐘とともに突き出されたという。

こんな雑俳もある。

吉原は鳳凰四ツ谷鳶なり
鳳凰をやめて鳶を買ひに行き
新宿は鳶凧ほどの張りを持ち

尾羽うち枯らす鳳凰吉原から、新風を受けるいきのいい鳶のような内藤新宿へと客は移ったのだ。既成の遊里ことに吉原に、新宿が対抗の意識を持った句のように思えてならない。旧態への新興といってもいいかもしれない。

とはいえ、吉原との対抗といっても、所詮鳳凰と鳶のひらきである。

　吉原は蝶新宿は虻（あぶ）が舞ひ

吉原は花に群れる蝶、新宿は馬の尻に群れて寄る虻といったところであるかもしれない。郊外へのターミナルとして栄え、都市文化の末端として位置しながら、庶民の流行を集め、ある時は若者がギターを抱え駅前に抵抗の歌を響かせたこともあった。そこに集った若者は、時間への自由を持ちながらも貧乏であり、どこかで世間に抗う姿勢を持った狂歌壇の下級武士とつながっているような気もする。

新宿駅東口の馬水槽から靖国通りへ出て、四谷方向に向かえば平秩東作の住居に近い成覚寺である。恋川春町の墓の脇に、新宿四丁目（もと旭町）にあった「旭地蔵」の「三界萬霊」と記された台座の下に、一八人ほどの戒名が並ぶ。これらは飯盛女と男たちが駆け落ちし、玉川上水に身を投げた情死者のものであるという。

無縁塔と並んであるのが、「子ども合埋碑」である。子どもは深川と同じく遊女のこと。飯盛女を弔うために、万延元年（一八六〇）十一月に建立されたものである。薄暗い墓地の奥にあったものが、昭和三十一年（一九五六）の区画整理の時に、門を入ってすぐのところに移されたのである。明治三十年頃まで、新宿の遊女たちは皆ここに投げ込まれたのだという。木綿にお腰一枚、米俵に包まれた遺体の数は約三〇〇〇体余りになり、放置されることも多かったという。ここには、他に流行歌や芝居でも有名な鈴木主水と白糸の心中塚がある。白糸は内藤新宿橋本屋の遊女である。

第五章　岡場所活況の時代　その二

岡場所全盛前史

岡場所の全盛期とよばれる宝暦（一七五一年〜）以降、一八世紀後半の時代背景を述べておきたい。それは、岡場所を語る前提として記憶されねばならないことだ。

田沼意次が、九代将軍家重の小姓から身を起こし、一〇代将軍家治の側用人として取り立てられたのは、明和四年（一七六七）である。さらに明和六年には老中格、安永元年（一七七二）老中となった。意次は類まれな出世街道を突き進んだのである。

この時の江戸幕府の財政指数を少し具体的に述べておく。

大野瑞男氏（注25）によれば、享保七年頃（一七二二）の江戸幕府の財政基盤を示す奥金蔵貯蓄高金銀高は、十三万六千六百両となって逼迫したが、有名な上米の制度などの方策を行うなどで回復し、十四年には百万両に回復した。さらに宝暦三年（一七五三）になると、百二十六万三千二百七十両、明和七年（一七七〇）には、百七十一万七千五百二十九両と増加し、除金を加えると三百万両余に達した。

簡単にいうと、明和七年に約三百万両の貯蓄、つまり流通資金が三百万両を超え、この時代が金回りのいい、上昇機運の時代だったということである。それが、産業革命ならぬ商業革命とよばれる田沼の経済政策の結果であることはよく知られている。例えば、貨幣の改鋳、大坂での銅座設置による収益独占、海産物の輸出の増大政策、朝鮮人参などの専売、株仲間への運上金の増額、さらに印旛沼をはじめとする干拓事業、蝦夷地開発などである。岡場所の活況はこれに支えられたのである。

ところが、十八年後の天明八年(一七八八)の幕府貯蓄高は、約八十一万七千両強にまで激減する。天明六年田沼が失脚した二年後、松平定信が寛政の改革に着手する天明七年の前年の統計値である。この減少は、定信が老中を退いた寛政五年以降も続き、寛政十年(一七九八)には、三十七万七千両であった。

もう一方、全国の幕府直轄領の石高の資料を見ると、延享元年(一七四四)の石高が約四六三万石(租税率四公六民を引くと約一八〇万石)でもっとも多く、明和七年(一七七〇)が、約四三七万石(約一四三万石)である。確かに減少しているが、貯蓄残高の急変に比べればさほどではない。

貯蓄残高の急変と石高の安定は何を物語るのか。貯蓄残高の伸びは、消費社会の隆盛もしくは浪費社会の広がりを後押しした。逆に減退は、消費・浪費を低迷させた。しかし、その一方で安定的な固定収入、税の搾取は揺るぎないものであった。

天明の初年から日本の北部が、未曽有の飢餓に見舞われたことは周知のことであろう。

にもかかわらず、石高が一定の安定を見たということはいかに、厳しい搾取が行われたかという結果を示すものである。

背景としての飢餓

この時代の岡場所の繁栄を考える時に記憶されねばならないことの一つは、この時代に襲った飢餓である。

この時代の一揆を全藩一揆とよぶ。百姓一揆が、藩の部分的な騒動ではなく、全藩におよぶ状況をいう。もちろん百姓一揆は、これ以前にもあったのだが、享保時代からこの時代になると、幕府支配の天領から一揆が頻発し、譜代の鳥取藩の大一揆なども生じた。

農民の不満が顕著な形で現れるようになったのだ。飢餓がおよぼす貧困によるそれを行動に示すということである。また一方で、このことは権力者の統制能力が低下し抑制の効かないものになったということである。それは、岡場所の拡張でもいえることだ。

この時代の背景に、庶民の自立性などを持ち出すことはできない。極限の飢餓があったのだ。岡場所の繁栄と一見関係のないことのようだが、同時代として認識しなければならないことだ。安穏に岡場所の隆盛を紹介することはできまい。

ほんの一例に過ぎないのかもしれない。

目にした碑文は、八戸市新井田の対泉院にある『餓死萬霊等供養塔』と『戒壇石』である。供養塔は高さ二メートルを超える大きな石碑である。天明四年十二月十一日に建立されたものだ。まだこの時点では飢餓が終わっていない。背面の上部には、飢餓の状況が、中の段には高騰した物の値段、その下の部分には、建立した者の名前が記されている。「安永七年戊戌年頃自然耕作不宜而天明三年癸卯歳大飢饉旨赴者……」と書き出し、〈四月より八月まで大雨が降り注ぎ、冷夏が続き、稲の茎や稗の茎を食べて飢えをしのいだ。そればかりか翌年になると、収穫はすべてなくなり疫病は蔓延し、火事は頻発し、強盗が横行し、領内人口六万五〇〇〇人中あまりの内、餓死者が三万人におよんだ。（中略）今後は米穀などは貯蓄しておくように〉などと碑文は記している。文中途中の八文字ほどは削られているが、人肉を食べたとの記載があったものを、後世に領主に遠慮して削ったのだという。天明の飢饉の惨状は、高山彦九郎の日記や三浦哲郎の『おろおろ草紙』などでも語り継がれている。豪農元屋五郎助の万覚帳には人肉を貪り食うさまが詳細に語られ、「鬼と言うは飢饉時の人食いども」と記している。

これは江戸から遠い存在の出来事ではない。八戸は、旅芸人の日記『奥のしおり』には、「江戸に近く候」などとも記されている。東回り廻船で送られた八戸藩の大豆は、江戸前料理に欠かせない醤油を生み出してもいる。下北半島の南部ヒバは、八戸から直送された。江戸深川には八戸藩の蔵屋敷もあった。

新宿の人、平秩東作のことは、すでに記したが、東作は、幕府の内命を受け、蝦夷地探索の途次に、天明三年八月江戸を発ち、同九月に津軽を訪れ飢饉の様を実見し、その道中備忘録『歌戯帳』の中で次のように記している。九月六日から十二日まで浅虫に滞在した折の記事である。

「近年津軽領、地震あり、火災あり、さまざま災難つゞき、その上今年のきゝんにて、春までには餓死もあるべきよし、主泣きて物語す」と書き始める。主とは、宿屋の主である。ここへ来る野辺地から浅虫までのところでも、東作は、「此辺作物青枯(あおがれ)にて困窮し、当年中に命終るべき覚悟めん〳〵咄す。哀なり」と記している。東作は続ける。津軽の米は、江戸へも大坂へも積み出している。その米の積み出しの量には限度があり、地元の藩が困窮するような米の放出は許されないのが定法というものだ。だが、米が無くなることを考えずに地方役人が隠れて米を売ることが続いている。

ことし餓年餓死などあるは実に有司の罪といふべし。百姓至つて困窮なり。……恐れ乍ら国政直ならず、国君は不自由、民はくるしみ、中より上の役人衆ばかりよきよし咄し申し候。南部とても近年百姓より米買上げあり、相場より甚だやすく買ひ取り、江戸へ廻し候よし。江戸仕送り町人など願うてすることなるべし。仙台とても国政行き届かず、奥大名は公儀の藩屏にて蝦夷などのおさへなるに、国困窮して、恐れ乍ら公儀の御為にもあし

飢餓は自然災害ではない人災なのだ。責任は、中間搾取の役人、武士であると彼は批判する。江戸向きの商人が米を安く買い上げる悪辣な所業は、奥州の諸藩を苦しめ、そのことは、国全体の統治、即ち幕府のためにも悪影響をおよぼしているのだ。〈恐れ乍ら国政直ならず〉〈恐れ乍ら御公儀の為にもあし〉と繰り返し語る東作の悲憤の矛先は鋭い。

新資料『歌戯帳』を紹介した森銑三は、「浅虫に逗留。その間に土地の様子などを聴いた。そして東作は『歌戯帳』の中に、藩の役人等の横道を罵つてゐる。たゞの狂歌師でなかった東作の真面目が、その間に最もよく看取されるものがある」（注26）と述べている。

東北の飢餓、米不足という状況は江戸にも大きな影響を与え、物価の高騰を招き、江戸の庶民は怒りを爆発させた。天明の打ちこわしである。

打ちこわし

天明七年（一七八七）の打ちこわしは、二百数十年間の江戸時代を通じて最大の件数である。全国で四八八件あった打ちこわしの内五三件が、この年に集中している。江戸では五月二十日夜の打ちこわしが江戸全体に広がる大騒動となった。その発端は、深川六間堀町の裏長屋に住む提灯張りの職人ら六名であった。彼らは森下町の米・乾物商の伝次郎宅に出かけ施米を要求したが受けいれられず、打ちこわしを行った。さらに、深川永代寺前にも打ちこわしが広がった。片倉比佐子氏は、門前町二七軒の内訳を米屋七軒についで多いのが売女屋五軒と記し、この付近が岡場所繁昌の地であり「売女屋を中心に永代門前の町々が集中して打ちこわされたことは、ひとたび騒動となれば日常の不満が爆発する要因があったということである」と述べる。さらに、赤坂、四谷、青山周辺でも米屋が打ちこわされた。天明の打ちこわしは「赤坂よりはじまる」などともいわれるが、赤坂の田町周辺は深川とならぶ岡場所繁盛の地であった。二十一日には、芝・高輪、さらに日本橋、神田、本郷一帯に広がった。南は品川、北は千住、御府内全体で壊された家は、九八〇軒、打ちこわしの参加者は、二四組五〇〇〇人程にのぼった（注27）。

天明期の事跡を記した山東京山の『蜘の糸巻』（弘化三年編　一八四六）は、「廿二日に至りて、暁迄諸方の蜂起　米のみにあらずとも、富商へは手を下せり、然れども、官令寂として声なし」と奉行役人ら安全保護の武士たちが、手をこまねいていたことを述べている。そしてさらに、「打ち毀したるのち、酒食を貪りしが、同類盗を禁じたるは、所謂江戸ッ子なるべし、されど、蜂起散じたる跡には、盗もありしとぞ」と述べている。

東北地方をはじめ厳しい飢餓から逃れ流民とよばれる人たちが多く江戸の地に生活を求めてやってきた。蜂起はそれら多くの下層民の行動だ。それに江戸の人々が共鳴したのだ。江戸っ子とよばれる人たちがこの打ちこわしの主役であった。これは沈黙・従順からの解放を意味しているのだ。盗みを禁じたのは武士ではなく江戸の市民であった。それは自主規制力が江戸の市民に広がったことを意味しているのである。飢餓というきわめて不幸な状況であることを承知の上でいえば都市の主役は彼らになっていった。

岡場所と打ちこわしの場所が符合していることに気を留めておきたい。岡場所が、時代の空気をもっとも先端的に伝えたものであることは、想像に難くない。

大名道具の花魁

吉原は、この時代になると、高位の遊女がいなくなり品格も下がっていき、衰微の一途をたどったといわれている。しかし、やはり吉原は、依然として性風俗営業の世界で主役であったし、そこの太夫は「大名道具」として扱われていた。

『倭紂書』（注28）なる書物がある。そこに、八代将軍吉宗の懐刀とよばれ、享保の改革の実質的推進者であった松平乗邑（のりさと）が罷免された理由が記されている。乗邑が罷免されたのは吉宗が将軍職を家重に譲った延享二年（一七四五）九月二十五日から、わずか二十日あまり後のことであった。三月には、吉宗から功労として一万石の加増を受けていた。それが屋敷まで取り上げられ、居候の身になったのだ。『徳川実紀』は、「御代あらたまりてわずかに廿余日にして、俄にかく御かうじ（勘事　譴責の意）蒙り、加秩（加増の意）の所領までめし収められしは、いかなる故にやと、疑ひをいだきけるも少なからず。されどその事の仔細は、秘して伝へざれば知る者なし」と記している。

乗邑が罷免された理由については、吉宗の下での権力の横暴が度を過ぎたとか、諸説入り混じっているが、それは〈秘して〉理由はわからない。享保の改革を推進した吉宗の政治が、乗邑の罷免によって一挙に崩れたことを象徴しているといってもいいだろう。

注目は罪状書（『倭紂書』）の次の二項目だ。

一、尾張殿遊女春日井を請出し候節不埒の事

一、榊原式部大輔遊女高尾を請出し候節不埒の事

尾張殿とは、第七代尾張藩主徳川宗春。春日井は、後に側室となったおはるの方、吉原の遊女である。榊原大輔は、播磨姫路藩第三代藩主榊原政岑（まさみね）である。高尾は、六代目の榊原高尾である。豊島区南池袋の本立寺に彼女の墓（天明九年没）がある。

宗春は、吉宗の質素倹約政策と対比される開放・規制緩和政策を取ったことで知られる。名古屋の郊外に、芝居小屋や遊郭施設を作り町の繁栄をもたらしたという。榊原高尾が身請けされたのは、寛保元年（一七四一）。身請けの金は二千五百両、おそらくその倍以上の費用が必要であったであろう。現在価格に換算は難しいが、ざっと二億五〇〇〇万円は超えたであろう。宗春が春日井を身請けした金額がそれ以上であったことは想像に難くない。

時代は下るが、天明の飢饉の頃、天明四年に、後に打ち首になる土山宗次郎が遊女誰袖を千二百両で身請けしている。土山が、当時の狂歌壇のパトロンであったことは既に平秩東

作との関連でふれた。

身請の金額など風説にすぎない。しかし執政者たる高位の武士の風俗が大いに乱れていたことは確かであり、一方でこの事件が物語るのは、太夫を頂点とする吉原の確固たる階級制度がその全盛に終わりを告げる予兆ともいえるであろう。

吉原ではこの頃太夫は空位となり、ほとんどの遊女は下級の散茶となりさがった、吉原が衰微の時を迎えたというのが定説である。もちろん以前の吉原全盛時の勢いは消えていったが、依然として吉原は一部ハイレベルの遊女たちが残存し、形式的な手続きも残り気軽な遊び場とよぶことはできなかった。

平賀源内は『里のをだ巻評』（安永三年刊　一七四四）で、諸国に色里は有るが、「中にもお江戸の吉原、一といふて二のなき事は人〻のしるところなれば今更にいふがくだ（煩わしい）なり。世上にて目に立つ器量も此里の女と競（くらべ）ては思ひの外に見おとす也」と吉原を評価している。その上で、〈隠売女の取り締まりによって奴女郎として吉原に売られた遊女たちが多く存在し、「そろ〱と此節は、岡場所が吉原か、吉原が岡場所か、我がおれか、おれが我か、女郎と売女のつかみ売」〉などといった表現が見える。時代は変わりつつあったのだ。また「免許の遊所と岡場所は、雲泥万里（うんでいばんり）の違（ちがい）ある勢（いきをひ）を見せてこそ吉原ともいふべけれ」という。吉原は、岡場所に近づき、その差を見せることが出来なくなってきたのだ。

一部の遊女は〈大名道具〉であり続けながら、吉原は大衆化していったのである。その中で、客層も遊女たちも格差が広がったといってもいいであろう。贅沢な遊興の場として栄えた揚屋は姿を消し、それに変わったのは引手茶屋である。直接遊女屋で遊ぶ形式も増えた。酒宴の時には、茶屋で芸者と遊女をよぶが、遊女は酒宴の後で客を直接妓楼に連れていく。当時吉原全体では一二〇軒以上もの引手茶屋があったという。しかし一流の格式を持った茶屋は、一割に満たない。茶屋は、吉原近辺の大門前の田町、龍泉寺にもあり、山谷堀などでは、船宿が茶屋を兼ねるといったところもあった。まどろっこしい形式を重んじた吉原の遊びは簡略化していったのである。

簡略化の方向に拍車をかけたのは、仮宅(かりたく)営業である。吉原の業者は火事のたびに浅草や深川で仮営業を許されたが、その仮宅はいわば臨時営業の場であり、形式にこだわることなど出来ない。中間層ともいうべき多くの遊客は仮宅を歓迎した。吉原が独占していた公認の営業許可はまったく弛緩状態に陥ったのである。

売笑婦の数

遊里研究に詳しい岡田甫が、「江戸娼婦雑話」と題するエッセイを書いている（注29）。「江戸時代に、売笑婦はどのくらいいただろうか―と質問されたことがある」と書き出し、吉原の三〇〇〇を筆頭に、岡場所約六〇ヶ所で約三〇〇〇人、夜鷹など四〇〇〇人と概算して、「それらを概算すると、大よそ一万前後の娼婦が江戸にいたかと思われる」と記し、夜鷹四〇〇〇は『当世武野俗談』（宝暦六年自序　一七五六）の馬場文耕のあげた数で少し大げさかと思われるがもちろん実態がわかろうはずはない、また岡場所も約六〇ヶ所としているが、その数も本当のところはわからない、最盛期には一〇〇ヶ所を超えたというからもっと多いのではないか、一つの岡場所に、五人計算であるが、これも品川、新宿などの宿場や大手の深川、本所、浅草周辺を考えても低い見積もりであると述べている。

吉原の投げ込み寺として有名な浄閑寺には、安政の大地震の時に亡くなった遊女の過去帳が残されている。また、過去帳の死者数から東京大学地震研究所が、当時の被害状況や吉原の人口を割り出す試みを行ったということを浄閑寺の住職から聞いた。細見から人数を割り出すことも可能だが、細見に掲載されない切見世の下級遊女もいるのでその数ははっきりしないといっていいであろう。

もちろん、時代によっても異なっているが、あくまで概算すれば、一二〇万ほどの人口の1パーセント、少なくとも一万人以上の売春婦が江戸にいた計算になるという岡田の指摘はあながち的を外れた数ではない。

岡場所の多くは切見世とよばれる長屋の一間で、小半時（一時の四分の一、約三〇分）百文（約千円）時間売りの形態（チョンの間）であったが、もちろんそれがすべてではない。岡場所を一概に低い位置と見下すことは当たっていない。吉原顔負けの部屋持ちの遊女もいた、立派な二階家の店構えもあったのだ。

『役者女房評判記』を精査した武井協三氏は、吉原から深川へと役者の付き合いも親密度を変えたといい、

『役者女房評判記』に登場する女性に、吉原より深川出身の者が多いことは、こういった江戸の遊里の盛衰を背景にしているのである。『役者女房評判記』が書かれた宝暦九年といえば、ようやく深川に客の流れが、大きく向きはじめた頃であろう。流行の先端を走る芸能人が新しい遊び場に率先して通ったであろうことは、想像に難くない。そしてそのことが、深川の隆盛にまた拍車をかけたのではないだろうか。

と指摘する（注30）。

岡場所は、その名称が定まる宝暦期（一七五一～六三）からその位置を定め、安永期（一七七二～八〇）・天明期（一七八一～八八）で全盛期を迎え、松平定信の寛政の改革で各地の岡場所が廃され一頓挫の状況になるが、それは一時的であり、文化期（一八〇四～一七）・文政期（一八一八～二九）になりまた流行することになった。しかし、天保十二年（一八四一）の水野忠邦による改革で、各地の岡場所はほとんど廃絶湮滅状態になる。しかし、上層の遊里深川の一部は芸妓を中心とした町に変わりながら柳橋で流れを絶やすことなく続き、下層の夜鷹はしぶとくたくましく客を集め、幕末を迎えることになる。

以下は、岡場所がどこにあったかの総覧、概略である。

岡場所はどこか

岡場所の総数は、六〇ヶ所とも、一〇〇ヶ所を超えるといった言い方もあり、まちまちであるが、もっとも多くの岡場所をあげているのは、上林豊明の「江戸ニ於ケル売笑婦ノ地理的分布ニ就テ」（注31）であろう。上林は、『世界黴毒史』で知られる土肥慶藏門下の皮膚科医であり、櫛の収集でも著名である。上林の『かくれさと雑考』(注16)では、遊女の値段のみならず、全国二五一ヶ所の遊里の状況にも触れ、また、江戸の岡場所数一六二ヶ所のうち売笑価の「やゝ確実に記載されていると証明し得る」のは、五八ヶ所であるとしてその名をあげている。

上林の記述から、吉原を除いた場所が、江戸の岡場所ということになる。もちろん岡場所には盛衰があり、すでに述べてきたように禁圧下で廃絶になったものもあるが、ここでは上林の表をもとに、従来の研究(注32)を参照し一覧を記した。寛政の改革および天保の改革で名の上がった岡場所を中心に通史的に見た岡場所の提示である。

地名は、通称をおもに用いて記した。〈 〉内は、別名。寛は、寛政の改革、天は天保の改革で、廃絶を命じられた場所(『かくれざと』、『藤岡屋日記』など参照)である、もちろん廃絶の後にこれらの場所が、息をひそめて残存し、また、権力者の失脚によって繁昌を見せた場所であることも注記しておく。

岡場所のランクおよび「江戸遊里方角図」

『婦美車(ふみぐるま) 紫鹿子(むらさきがのこ)』(安永三年(一七七四)刊 以下『婦美車』と略称)は、芝神明の生姜市で出会った国侍の野呂右衛門に、町人の大和屋が、岡場所を案内するため「九蓮品定」と題する仏書に擬した江戸の遊里のランクを示したもの。作者は狂歌師蓬莱山人帰橋かとされるが不明。

その中の分類ランクの最上位は新吉原で、「上品上生之部」。一覧では新吉原を除き「上品上生之部」を「上品上」とした。以下、「上品中生之部」を『上品中』、「上品下生之部」を『上品下』、「中品上生之部」を『中品上』、「中品中生之部」を『中品中』、「中品下生之部」を『中品下』、「下品上生之部」を『下品上』、「下品中生之部」を『下品中』、「下品下生之部」を『下品下』と略し、その他を『類抜』として記した。周辺地域は上林の規定を原則としたが、青山などは赤坂に分類し削除、高井戸は内藤新宿、鈴ヶ森は品川にするなど、上林の規定のままではない。上林のあげていない地域も加えている。

岡場所の番付はこの他明和八年（一七七二）刊『遊里の花』が役者付けで格付けしている。また半紙三枚摺のパンフレットのごとき各岡場所案内『色里三十三所息子順礼』（天保の頃成るか。以下『色里』と略）があり（注33）、『蛛の糸巻』上巻「かくし売女」（以下『蛛』と略す）に「天明年中盛んなりし土妓の売色」とあり、岡場所名と値段付けがあがっている。弘化四年（一八四七）刊『花知留佐登』にも岡場所の説明がある。これらの記載も随時参照とした。

（ ）は場所の説明。［ ］内は、各岡場所を中心として扱った洒落本。↓に参照注記を記した。

図5は、安永五年刊「契国策（けいこくさく）」の序文の後に付載された「遊里方角図」である。『契国策』は、紀伊国屋文左衛門と奈良屋茂左衛門（ならやもざえもん）が仙人になって空中から江戸の岡場所を巡るという奇想天外なもの。「遊里方角図」（**図5**）の十二支の方角を○で囲んで記した。また、**図6**は、「日本橋北内神田両国浜町明細絵図」（嘉永三年　尾張屋清七版）の切絵図に附されたものである。二つの図はもとの図の子（北）を上方に変え作図した。ともに江戸城を中心としたこの時代の方向感覚である。**図4**は文政元年（一八一八）に、江戸市域の範囲を定めた朱引き内に現代の主要な鉄道路線などを入れ、おもな岡場所をおとしこんだもの。**図5・図6**と比較されたい。

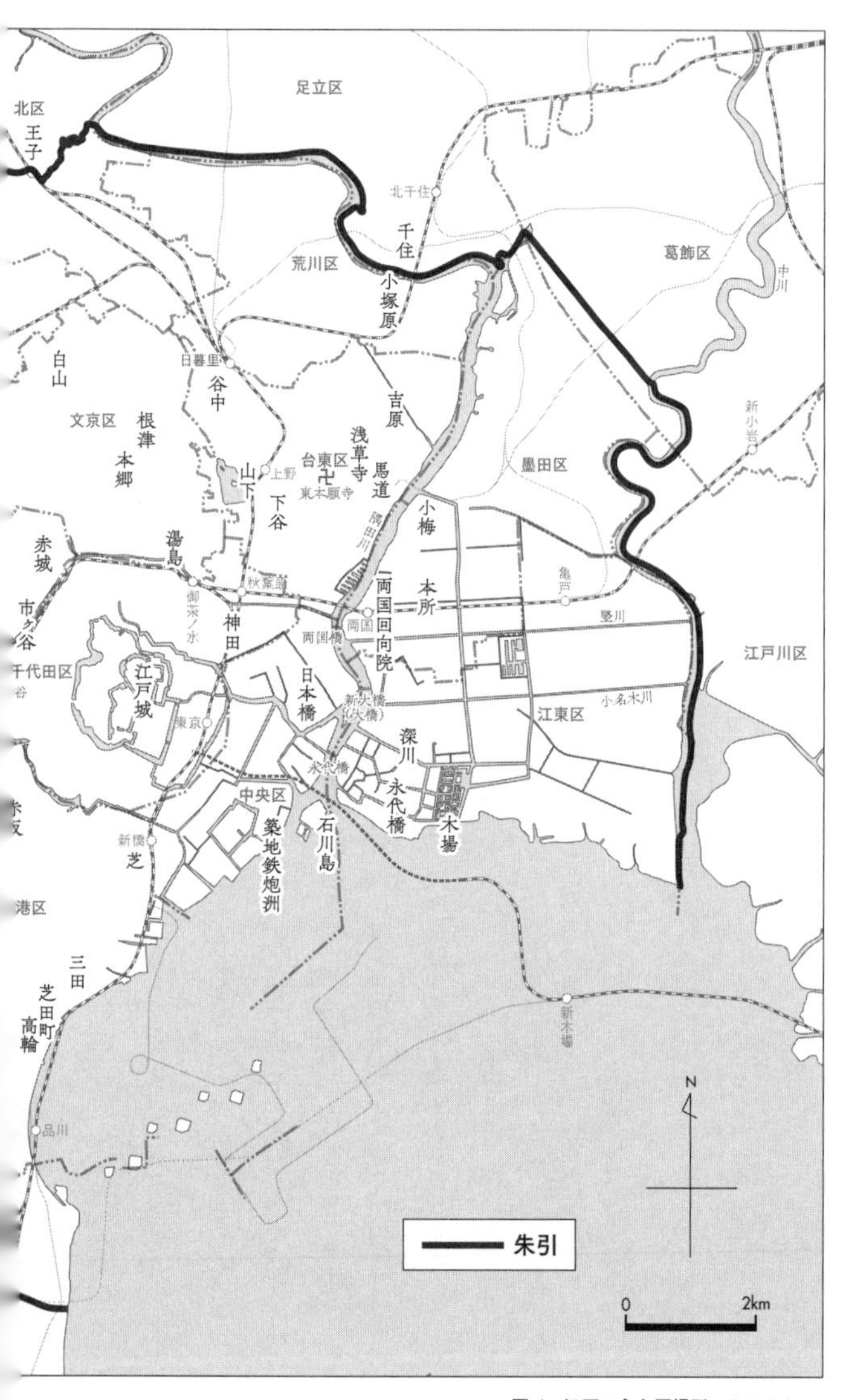

図４　江戸の主な岡場所　作図／ジェオ

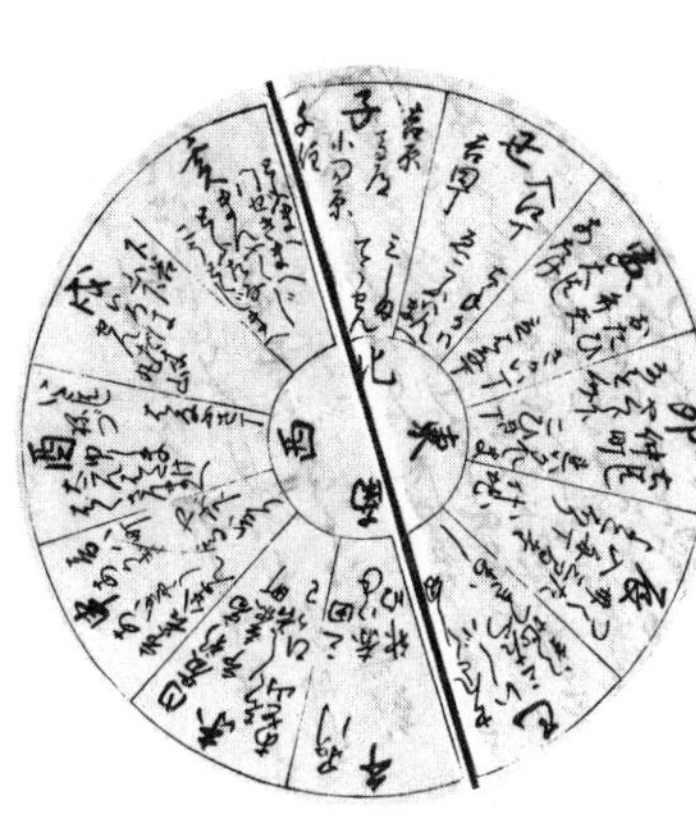

図５　遊里方角図（『契国策』より）
所蔵：著者蔵本

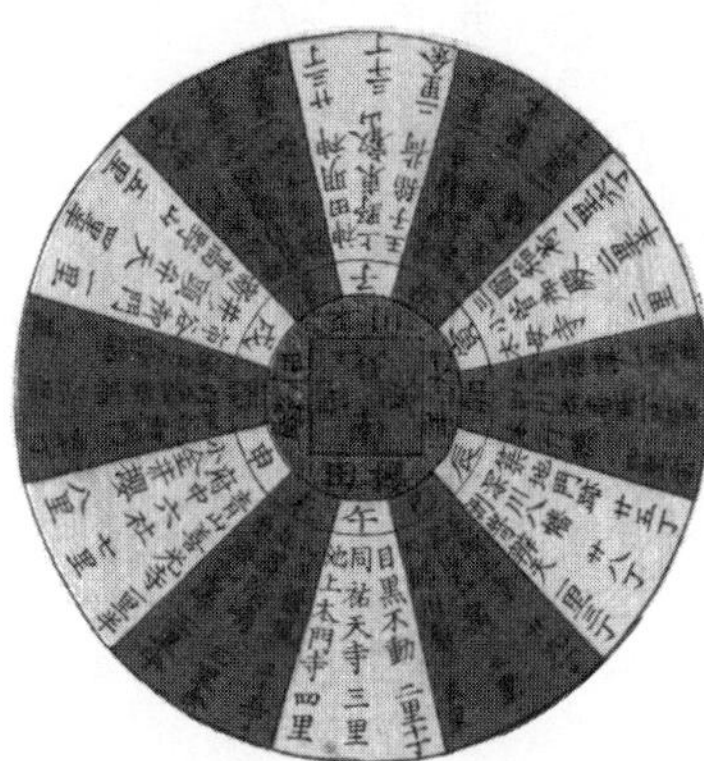

図６　江戸方角図（江戸切絵図「日本橋北内神田両国浜町明細絵図」より）
所蔵：著者蔵本

岡場所一覧

深川方面

◉ **仲町**(なかまち)㊅（**永代寺門前町**）天『**上品下**』
深川随一の評価だが、無作法また夜具なども粗末という。『蛛』に「一切十二匁」。『色里』に「開帳十弐匁」。
［天明二年（一七八二）刊『登美賀遠佳』(とみがおか)・天明二年序『富賀川拝見』(ふかがわはいけん)・寛政三年（一七九一）刊『仕懸文庫』(しかけ)・寛政十一年（一七九九）刊『仲街艶談』(ちゅうがいえんだん)など。

◉ **新地**㊇〈**大新地**〉〈**築立新地**〉（**越中島築立**）天『**中品中**』
仲町に次ぎ繁昌。見晴らしのよさ深川一。天明七年吉原火事の仮宅出来。大栄楼桟橋の図が天保九年（一八三八）刊『春色英対暖語』(しゅんしょくえいたいだんご)にある。『蛛』に「一切二朱」。『色里』に「開帳金二朱」。

◉ **小新地**〈**四六見世**〉（**築立付近**）天
文化文政の新開地。

◉ **表櫓**㊅〈**櫓下**〉（**永代寺門前山本町、火の見櫓下、南側**）天『**中品上**』
美形多いと評判。『蛛』に「一切二朱」。『色里』に「開帳金二朱」。

［寛政二年（一七九〇）刊『面美多通身』・安永八年（一七七九）刊『美地の蠣殻』など。

◉ **裏櫓〈横櫓〉（永代寺門前西河岸、火の見櫓下、北側）**天**『中品上』**

『蛛』に「一切二朱」。

［安永八年（一七七九）刊『深川新話』・天明五年（一七八五）刊『深川手習草紙』など。

◉ **裾継（永代寺門前北河岸）**天**『中品上』**

［寛政十二年（一八〇〇）刊『疇夕の茶唐』］

以上表櫓、裏櫓とあわせて三櫓ともいう。『蛛』に「一切二朱」。

◉ **石場**(巳)**〈古石場〉〈石置場〉（越中島武家拝領地）**天**『中品中』**

延享三年（一七四六）頃より起こる。『蛛』に「一切二朱」。『色里』に「開帳金二朱」。

［寛政十年（一七九八）刊『辰巳婦言』・文化三年（一八〇六）刊『船頭深話』など。

◉ **新石場（越中島続拝領地）**天**『中品中』**

天明三年頃より。『蛛』に「一切二朱」。

◉ **佃**(辰)**〈向土橋〉〈佃新地〉〈海手〉〈洗濯島〉〈あひる〉（蓬莱橋を渡ると佃町）**天**『中品中』**

売価二百文をガア、四百でガアガアであひるとも。太った遊女がその姿アヒルに似ていたなど諸説ある。昼六百文、夜四百文、四六店ともいう。『色里』に「御初尾四百文」。

◉**綱打場**〈**松村町**〉（**黒江橋の裾、松村町**）天『**下品中**』
朝鮮矢来（竹組）で囲まれていた。文化十四年（一八一七）刊『五色潮来艶合奏』に「網打場切見世総仕舞之図」あり、絵中の張り紙に「つぼねみせへだてのからかみをはづして三げん惣仕舞うちまじき酒もり」とある。内部の様子が描かれる。船頭の客が多い。『蛛』に「四六」。『色里』に「蝋燭代百文」。

◉**常盤町**（**小名木川北岸、高橋北詰**）天
文政年間焼失。

◉**御旅**㊝（**御船蔵前町、深川八幡御旅所前**）天『**中品中**』

◉**安宅**㊝〈**安宅長屋**〉（**御船蔵前町南側**）寛『**下品中**』

◉**入船町**㊞（**汐見橋東洲崎**）寛『**中品下**』
寛政三年津波で消失。

◉**三十三間堂**㊞（**八幡社東三十三間堂町、京都三十三間堂を移す**）寛『**中品下**』
宝暦頃ケイドウの際船に乗って七八人が砂村へ逃れたという。『蛛』に「四六」。

◉**土橋**㊣〈**東仲町、二の鳥居より東**〉（**永代寺門前東仲町**）寛『**上品下**』
仲町と伯仲。文化の頃（一八〇四〜）まで盛ん、文政期（一八一八〜）には衰微す。『蛛』

に「十匁二朱」。『色里』に「金弐朱」。
［天明四年刊『二日酔巵觶』・寛政、享和頃成『意妓の口』・享和元年（一八〇一）刊『嘉和美多里』・享和二年（一八〇二）刊『富岡八幡鐘』］

◉**直助屋敷**(卯)**〈三角屋敷〉（深川富久町、萬年町三丁目）**[寛]**『下品中』**
直助は、赤穂浪士で町医者となり黄金をため、不忠者とよばれた小山田庄左衛門の下僕直助（主人小山田を討ち人気が出たという）の名からという。『蛛』に「四六」。

◉**夷の堀〈船饅頭・お千代船〉（扇橋より横十間川南河岸）**[寛]**『下品下』**
船饅頭の巣窟、夜鷹の二十四文よりやや高く大抵三十二文、幕末嘉永の頃には深川蓬萊橋付近にも多く有り。

◉**新六軒（深川六間堀町か）**[寛]

◉**六間堀〈大橋六間堀〉（六間堀町）**[寛]**『下品上』**

◉**新大橋東詰（元町、御籾蔵付近）**[寛]**『中品中』**
『蛛』に「びくに、切二百、下は百、とまり二朱」。

◉**新大橋袂『類抜』**
『蛛』に「此外船まんぢゆうとて深川吉永町に軒をつらねたるもの、夜に入れば、船に一人づつのせて所〻川岸あるひは高瀬舟に色を売る」とあり、「百、下なるは五十」と注記。

本所方面

◉**弁天前**㊊〈**一つ目弁天・山猫・猫茶屋**〉（**本所一つ目堅川の入り口、八郎兵衛屋敷**）㊝『**上品中**』高笑い、大声を禁じ、穏便なる遊び場という。『書留』宝永二年十一月に記事有り。岡場所中第一高価。なじみ客のみ受け他大金出すとも謝絶という。御殿女中めきたりとも。「ねこをやく女房も畳たゝくなり」ここでは二階から遊女をよぶのに手をたたかず、畳をたたくという。『蛛』に「弁天金猫一分」。

［天明元年（一七七一）刊『にゃんのことだ』・天明八年（一七八八）刊『一目土堤（ひとめつつみ）』］

◉**松井町**（**本所堅川の南側、松井町一丁目辺り**）㊝寛政の改革後、回向院前の娼家が移る。『書留』宝永二年十一月に記事有り。「おちぶれた吉田も元は松井町」夜鷹も元は格上の松井町にいた。『色里』に「銀弐朱」。

◉**入江町**㊏〈**鐘撞堂、本所四軒、鐘の下**〉（**本所入江町鐘撞堂の北**）㊝『**下品下**』「つきがねの下でして居るけちなやつ」。『暦考』寛文八年三月に記事有り。『好色一代男』

巻二の記事「本庄の三つ目の橋筋」は、ここか。『蛛』に「四六」。

［安永年間（一七七二〜八一）刊『奴通（やっこつう）』］

◉**六尺長屋**〈**六尺屋敷**〉（**入江町鐘屋敷のそば**）天

◉**吉岡町**（**法恩寺橋南側、吉田町に近接**）天『**下品下**』

◉**吉田町**㊏（**本所横川西の通り、吉岡町の東**）天『**下品下**』

鮫ヶ谷と並んで夜鷹の巣窟。『色里』に「材木のかげへ寝ござのやす物をかった　しまいは鼻がふぎや〳〵」「御散銭二十四銅」。

◉**本所大下（おおしも）**〈**三笠町**〉（**長崎橋西に、北側**）天

◉**大徳院前**（**両国橋東詰、南本所**）寛

◉**回向院前**㊏〈**土手側、銀猫**〉（**両国回向院前の土手**）寛『**上品中**』

天明の頃吉原の仮宅。比較的しめやかな遊びであったという。「回向院涅槃にねこも見へるなり」「御膝脇金銀の猫居た所」。『蛛』に「二朱」。

◉**六間**（**回向院土手側**）寛

［安永四年（一七七五）刊『青楼楽種（たのしみぐさ）』］

浅草辺

◉ **堂前㊛**〈**三十三間堂前**〉（**浅草新堀端龍光寺門前**）[天]『**下品中**』
深川に三十三間堂が移った後も堂前とよばれた。切見世では上品、美玉揃いとも。『蛛』に「切みせ」。

◉ **朝鮮長屋㊋**〈**浅草六尺屋敷**〉（**門跡前東町**）[寛]『**下品上**』
朝鮮来朝使節の宿舎が近くの東本願寺にあったことによる。『蛛』に「切みせ」。

◉ **浅草広小路**（**浅草寺門前を西田原町から東吾妻橋に至る大道**）[寛]

◉ **浅草駒形町**〈**並木町**〉（**浅草駒形堂付近**）[寛]

◉ **同田原町三丁目**〈**紙漉町**〉（**東本願寺の東門前の通り**）[寛]

◉ **三好町**（**浅草御厩河岸の渡し付近**）[寛]

◉ **金龍寺前**〈**地獄**〉（**門跡東方**）[寛]（**浅草門跡前、周辺の総称**）
『花知留佐登』に「一ト切金一分」。「素人多く内〻に転ぶ故に地獄とも云う」。

◉ **三島門前㊋**〈**丸太**〉（**三島西蔵院前、金龍寺門前の向側**）[寛]『**類抜**』
マルタなどとよぶ賤娼が出没。『蛛』に「びくに、泊り二朱、切二百」。すぐに転ぶダルマを逆読みしてマルタ。

◉**浅草新寺町〈広徳寺前〉（広徳寺前から浅草門跡橋までの大通りか）**寛**『中品中』**

◉**門跡前㋑（門跡は東本願寺、その表門一帯）**

『遊里の花』に上上。

◉**どぶ店㋑（浅草永住町の一部）**寛**『下品中』**

長遠寺はどぶ店のお祖師様とよばれる。

◉**柳の下〈柳稲荷横町〉（浅草寺町通大乗院門前、万福寺前とほぼ同じ）**寛**『中品中』**

◉**万福寺門前㋑（浅草南松山町）**寛**『下品上』**

「ふぐ汁やあたらばまゝの万福寺」などとある。

◉**馬道㋮（浅草寺東境の通路）**寛**『上品上』**

明暦の頃、吉原通いの遊客が馬に乗ってこの地を通ったことによるとも。髪の風も素人娘風で騒ぎもならず静かなところであったという。『遊里の花』も上上の位を与える。地味な隠れ場所か。『蛛』に「二朱ト十匁」。

◉**智楽院門前（浅草寺中智楽院）**寛

早くに無くなったものか。

◉**新鳥越（浅草待乳山の西麓、聖天町から北へ山谷まで）**寛

『遊里の花』に「上」。

谷中、根津辺

◉**廣徳寺前**㊉（**下谷稲荷前**）

◉**いろは**〈**谷中**〉㊌（**谷中天王寺門前茶屋町**）天『**中品下**』

昔茶屋が四七軒あったことから「いろは」などと呼称。「玉だれの内はおかしきいろは茶屋」いろははすだれ囲い。「いろは茶屋客をねだつて富を付け」近くの感応寺は富くじの場。「いろは茶屋かさ守り近く気にかかり」近くに笠森（瘡守）稲荷。『蛛』に「二朱」。『色里』に「御初尾五百文」。『花知留佐登』には「至って、一切に美にしてよき所也」。

◉**根津宮永町**㊇（**根津権現門外**）天『**中品下**』

本書第九章参照

◉**根津門前町**（**根津権現門内**）天『**中品下**』

本書第九章参照

音羽、赤城辺

◉**音羽**(申)**（護国寺前の直路周辺）**天**『中品下』**
本書第三章護国寺音羽町参照。『蛛』に「二朱」。『色里』に「御初尾銀弐朱」。

◉**音羽裏町〈腕づく長屋〉（音羽七、八丁目の西裏）**天**『下品上』**

◉**音羽鼠坂（音羽四丁目と五丁目の中間から護国寺に向かって右を上る坂）**寛**『下品下』**

◉**音羽新長屋（音羽九丁目西裏）**天

◉**行元寺門前〈山猫〉（神楽坂を牛込御門から上がり右）**寛**『中品上』**
後に行願寺と称す。『花知留佐登』に「銀七匁五分」。

◉**赤城〈山猫〉**(申)**（牛込赤城明神付近、等覚寺門前）**寛**『上品下』**
『花知留佐登』に「金壱分」。

市ヶ谷、四谷辺

◉**ぢく谷〈市ヶ谷〉**(未)**（市ヶ谷谷町周辺）**天**『下品下』**
『蛛』に「大久保じくく谷」とあり「切みせ」。『色里』に「蝋燭代百銅」。

◉**鮫ヶ谷〈鮫ヶ橋〉（四ツ谷谷町と南伊賀町の間）**天**『下品中』**

本所吉田町と同じく夜鷹の巣窟。本書第十章参照。「折助の抜身の鞘は鮫ケ橋」武家の最下層の下男が客。『書留』元禄十五年五月に記事有り。『蛛』に「切みせ」。『色里』に「蝋燭代百銅」。

◉ **市ヶ谷八幡前**㊥〈**茶ノ木稲荷**〉（**市ヶ谷御門を南に見たところ、市ヶ谷八幡社**）寛『**中品中**』

『蛛』に「二朱」。『色里』に「蝋燭代百銅」。

◉ **愛敬稲荷前**〈**お辰稲荷**〉㊥（**市ヶ谷八幡町に続く田町二丁目愛敬稲荷**）寛『**中品下**』

醜婦が縁組を求める神とも。四六見世。

赤坂、麻布、青山周辺

◉ **麦飯**〈**赤坂田町・赤坂**〉（**赤坂田町五丁目桐畑辺り**）天『**中品下**』『**下品上**』

『婦美車』で二ヶ所に評価が出るのは、大見世と切売りの店が同じ地域に同居していた故。一時、深川に次ぐ岡場所としてにぎわう。吉原・深川を米飯とし赤坂田町を麦飯としたとも。大見世では悪しき風俗の者をあげず、切見世は卑陋(ひろう)と。「麦飯の近所御江戸の喰違ひ」江戸城喰違門近く。『蛛』に「二朱」。大見世の値。『色里』に「蝋燭代百文」（切見世）。

◉**氷川**(未)〈**赤坂氷川**〉（**赤坂氷川神社前**）[寛]『**上品下**』
天明の頃取り払い。『遊里の花』でも「上上吉」と評価が高い。一時期には深川仲町・土橋に次ぐとされた。『蛛』に「二朱に十匁」。

◉**市兵衛町**(未)（**今井台町、麻布市兵衛町**）[天]『**下品上**』
天和の頃より有り。古い遊里。『蛛』に「切みせ」。『色里』は「蝋燭代百文」。

◉**藪下**(申)（**麻布鳥居坂下一本松通り**）[天]『**中品下**』『**下品中**』
『婦美車』二ヶ所に出る。麻布宮村町、同宗英屋敷、同貞喜屋敷、以上三ヶ所の俗称。『花知留佐登』に「銭なんぼうでも遊ぶよふなる所」とある。『色里』は「蝋燭代百文」。

◉**高稲荷前**(申)〈**世継稲荷**〉（**麻布永坂町の高稲荷社（石段稲荷）前**）[寛]『**下品中**』

◉**青山**(未)（**青山新町**）[寛]
『花知留佐登』に「五十文より客を呼」。

芝辺

◉**神明前**(午)（**芝神明社地内**）[寛]『**中品上**』
芝神明は、両国広小路・浅草奥山と並ぶ繁華街。生姜市で有名。『蛛』に「二朱、かげまもあり」。

◉ **三田同朋町**㊄（**三田二丁目東側、聖坂脇**）寛『**中品中**』『**下品り**』

『婦美車』二ヶ所に出る。『花知留佐登』に「夜昼四ッ切れて、一切六百文づゝより、此外に五百文、七百文有之しが、女風俗至てよろしからず」。

◉ **三角**〈**三田新地**〉（**芝田町二丁目裏**）寛『**中品下**』

寿命院上り屋敷、薩摩屋敷と背中合わせ。「三角は丸と四角客をとり」丸は増上寺の僧、四角は武士。『蛛』に「二朱」。『色里』に「御初尾弐朱」。

◉ **稲荷堂**（**芝横新町五光稲荷付近**）寛

◉ **赤羽根**㊄（**増上寺の後ろの新堀を赤羽根川、それを飯倉から四国町へ渡る橋**）寛

『蛛』に「二朱」。

◉ **高輪**〈**七軒**〉（**高輪大木戸の辺、芝九丁目続き**）寛

「高輪へ仏の姿置いて行く」僧侶はここで着替えて品川へ。『蛛』に「二朱」。

◉ **根芋**〈**車町**〉（**芝車町、芝田町九丁目と牛町の間**）寛

◉ **牛町**（**芝車町**）寛

『蛛』に「切みせ」。

日本橋、大橋辺

◉ **蒟蒻島**㊞〈**霊岸島新地**〉（**霊岸島富島町一丁目**）寛『**中品中**』（**霊岸島築立新地**）

霊岸橋際埋め立て地、築立新地。埋め立てが安永二年（一七七三）に完成し遊里が出来る。廃絶後、蝦夷会所出来るも後に町屋となる。『蛛』に「蒟蒻島は横堀を埋たるなれば、ありくに、地ブル〳〵振ひ動く故に号けたる也」とあり「二朱」。

［安永四年（一七七五）刊『寸南破良意』］

◉ **あさり河岸**〈**大富町・京橋河岸**〉（**南八丁堀続き大富町、銀座一丁目**）寛

◉ **中洲**〈**三股**〉寛

本書第六章「中洲」参照。

［安永六年（一七七五）刊『中洲雀』・安永八年（一七七九）刊『大抵御覧』・寛政元年（一七八九）刊『中洲の花実』など。

◉ **新大橋**（**新大橋西詰**）寛

船比丘尼・船饅頭（船上売春婦）のたまり場

◉ **永久橋**（**蠣殻町から箱崎川にかかる**）

「うつろ船永久橋へせりにでる」うつろ船は船饅頭（お千代）。価三十二文とも。

◉ **鉄砲洲**

本書第三章「鉄砲洲の抗争と公娼保護」参照

神田辺

◉ **多町〈めつた町〉（神田鍋町西裏）** 寛

歌比丘尼の巣窟。「比丘尼だけ精進物の中に住み」多町には青物市（精進もの）があった。

上野、本郷辺

◉ **山下(戌)〈佛店・けころ〉（上野山下、広小路付近）** 寛 **『中品中』**

「ころび芸者の転寝して枕席にはべる」故の名とも。近辺に仏具店が多くあった故に佛店とも。「前だれで手をふきながら四百とり」前垂れは茶くみ女の風。「山下はどちらを見てもよりなんし」山下の大通りまで広範囲に岡場所。最盛期には『山下稽古路居所名家数』によれば一〇七軒。「諸色高直けころでは水を出し」と天明七年（一七八七）の句、災害続き物価高騰、見世では酒ならぬ水を出したという。『蛛』に「切二百、泊りは客より酒食をまかなひ、夜四つより二朱なり」と記す。『遊里の花』に「上上」。
[天明二年(一七八二)刊『山下珍作』]

◉ **大根畑**㊇〈**千坪・本郷新町屋**〉(**湯島新花町、霊雲寺横**) 寛『**中品中**』『**下品上**』
「大根を引いたる跡でもんしもし」。『蛛』に「切みせ」。四六見世。
[安永年間(一七七二〜一七八一)刊『喜夜来大根(きよくだいこ)』(『奴通』の解題本、序・本文の地名のみ変更)]

◉ **新大根畑**〈**新畑**〉(**湯島切通片町**) 寛
切見世。

◉ **丸山**㊉〈**菊坂**〉(**本郷菊坂から北、追分町片町まで**) 寛『**下品中**』
天明年間喧嘩大騒動で闕所。

◉ **桜木町**(**上野桜木町**)
天保十二年(一八四一)、武家方中間口論にて廃止。上野桜木町の名前がついたのは、明治四、五年頃か。小石川にも桜木町の名がある。『かくれざと』所収は音羽九丁目の次に出る。

◉ **妻恋**(**妻恋神社近く**)

『面美多通身』に「妻恋へはじめてさ」とある。

白山辺

◉ **白山**(酉)〈**駒込**〉（**小石川白山権現の裏手**）[寛]

◉ **世尊院前**(戌)〈**千駄木**〉（**本郷駒込世尊院門前**）[寛]『**中品下**』『**下品下**』

品川辺

◉ **北品川**(午)『**上品中**』　**南品川**『**下品上**』　**歩行品川**

本書第七章参照。

[安永二年（一七七三）刊『南閨雑話』・安永九年（一七八〇）頃刊『南客先生文集』・天明元年（一七八一）刊『新吾左出放題盲牛』・明和七年（一七七〇）刊『南江駅話』・寛政十一年（一七九九）刊『品川楊枝』・寛政十二年（一八〇〇）刊『南門鼠』など。

◉ **鈴ヶ森**（**品川の南方、刑場の近く、八幡宮付近**）『**下品下**』

千住辺

◉ **大千住　小塚原㊇**

本書第八章参照。

板橋辺

◉ **板橋㊈（上宿〔板橋区本町〕・中宿〔板橋区仲宿〕・平尾宿〔板橋区一・三丁目〕）からなる。『中品下』**

宝暦三年（一七五三）飯盛女の設置が認められる。音羽を真似るが田舎風。文政十二年（一八二九）頃成立の『我衣』には博徒、盗賊なども多いと。「板橋と聞いて迎ひは二人へり」とは、品川程にうまいものもなく、送迎の人も来ない。「板橋へ大根の金を入れなくし」とは、客が練馬などの周辺農民であったことを示す。『色里』には「御初尾五百文」とある。文殊院に遊女墓。新藤楼の門が板橋区立郷土館の庭に移築。

新宿辺

◉ **内藤新宿㊆〈西国〉**

本書第四章参照。
[安永六年（一七七七）刊『売花新駅（ばいかしんえき）』・安永八年（一七七九）頃刊『駅舎三友（えきしゃさんゆう）』・天明四年（一七八四）刊『角鶏卵（かくたまご）』など。

◉ **高井戸（甲州街道、内藤新宿より二里）** 寛

麹町辺

◉ **麹町八丁目、大橋之内柳町辺、鎌倉河岸附近**

これらは元吉原開設以前の遊里。本書第二章「遊郭設置の請願」参照。

番外・男色（陰間茶屋）の岡場所

宝暦・明和までは、平河天神前（糀町天神）・赤城社地・英町（酉神田花房町）・市ヶ谷八幡前・本所回向院前など、後には、芳町・湯島天神地（酉）・芝神明門前・八丁堀代地（神田塗師町）。

第六章　深川雑考

夢の島の塵芥

何をいまさらといわれそうだが、三味線とともに聞こえてくるその波長に、ふさわしくないような野暮の骨頂のようなことを最初に書かなければならない。

戦後二十年、人口の急激な増加、高度急成長、それにともなう新たな環境問題が頭をもたげた頃である。高梨輝憲文『江東区の歴史』は、旧深川区の誕生と題し、東京市保健局清掃課編集「江戸時代に於ケル塵芥掃除史資料」を引用する（注34）。

> 元禄十年後元禄十二年頃マデニ、伊奈忠順・深津正国主掌シ、芥改請負人ヲシテ府内ノ塵芥及ビ河ノ浚土ヲ以テ瀕海ヲ塡築セシムノ一面、永代橋ヲ架設シ、洲崎ヨリ砂村ニ達スル堤防ヲ築キ、二十間川以下ノ溝渠ヲ鑿疎シ、木場ヲ移シテ元木場ニ一十四箇市街、木場四近ニ一十六箇市街ノ地拓開ス。即チ所謂元禄の深川経営也。其後モ同経営は断続シテ若干ノ続施設有リ（原文のまま）

これらより先、明暦元年（一六五五）には、江戸中の塵芥は、船で深川の永代浦に捨てるようにと、幕府から布告が出されていた。永代浦は、永代島の海岸。永代島は隅田川の河口に出来た洲、深川の富岡八幡宮を中心とした地域である。

高梨氏は、先の一文を引いた後で、「深川埋め立ての材料は、江戸市民の生活廃棄物である塵芥が主なものであった。現在、江東区の埋め立てに東京都の塵芥を処理する手段として用いられ、その結果、夢の島をはじめ多くの埋め立て地が造成されたのと同じように、江戸時代においてもその手段が用いられたのである。いうならば現在、東京都が行っている塵芥の処理方法は、江戸時代からの延長ともいうべきものである」と述べている。

深川、夢の島では、昭和四十年ハエが大量発生、近くの小学校では、子どもたちがハエたたきをランドセルに差して登校した。夢の島焦土作戦が取られ、ハエを一掃しようとしたが、思うようにならなかった。夢の島の埋め立てが終わったのは昭和四十二年である。現在の夢の島からは想像できないことだが、塵芥の埋め立ては、汚染土壌と環境被害をもたらしたのである。

明暦の大火以降の都市改造から元禄時代にかけての江戸も、高度成長の真っただ中にあった。戦後二十年を経た夢の島と同じ状況が、江戸の深川にも生じていたことは想像に難くない。江戸の環境・リサイクルといった美名で江戸の現実を覆い隠すわけにはいかない。深川という岡場所が、汚染に充ちた都市の出発と同じ歩みを始めたことは記憶しなければならない。深川は江戸における岡場所庶民文化が花開いた場所である。しかしその出発の現実から目をそむけるわけにはいかない。岡場所は汚辱と隣り合わせで発展していったのである。深川の文化はごみの上に築かれた夢の島であったのだ。粋や婀娜の文化の背後にある汚染と悪臭をまず記憶の奥にとどめねばならない。

門前町の形成

現在の深川不動尊境内から東隣の深川公園を含む地域に建立されたのが永代寺である。代々の住職は富岡八幡宮の別当を兼ねた。寛永年中（一六二四〜四三）埋め立て中であった時、この辺りは小島の永代島である。富岡八幡宮は、はじめ永代島八幡宮と称した。

富岡門前町は、寛永四年（一六二七）永代寺の受領地となり、承応二年（一六五三）市店を開き、これを称して永代寺門前町といった。そして延享二年（一七四五）市街に列した。明治二年（一八六九）に永代八幡を富岡八幡社と改称した時、町内を概して八幡町とよぶようになった。

深川が門前町として〈市店〉を出すことを許されたのは、以上のごとく承応二年である。深川へゴミの集中収集が始まったのは、町の形成が許された二年後の明暦元年（一六五五）、この年から茶屋の営業が許可された。

そして明暦三年一月には、周知のごとく明暦の大火が起きた。災禍が拍車をかけるようにして江戸の都市大改造が始まる。幕府は崩落した天守閣の再興をあきらめ、深川、本所の復興にちからを注いだ。この英断が深川の発展の追い風になったのは事実である。

本書でもすでに述べたが、元吉原から新吉原への移転は、明暦の大火の影響を多大に受けた。それと同様の時期に深川の門前町は形成されていった。それは江戸市中の塵芥処理と一緒に始まったのである。しかし改造計画は、さらに災禍を生む。天和二年（一六八二）十二月の大火である。火は駒込から出火し、神田・日本橋に燃え広がり、川を越え本所・深川を燃やしつくした。明暦の大火から二十五年後に起きた天和の大火は、都市計画に大きな打撃を与えるとともに、新興地深川の発展に対しては、さらなる寄与となったのもたしかであろう。

この大火によって住まいを失い、松尾芭蕉は隠棲の生活から、やむなく悲壮な決意で旅に出た。しかしこの旅が俳聖とよばれる偉大な詩人を生んだ。災禍なくして詩人は生まれなかった。同様に、深川は被災をばねに陋巷(ろうこう)の地として発展していった。急速に進められる深川の埋め立てに、被災地の残土は有益なものであったにちがいない。また、貧しい都市労働者を抱える深川にとっても好都合であった。

元禄頃の深川

第三章でふれた『年暦考』の寛文八年（一六六八）には、「深川助右衛門町」に隠売女の遊女屋があったことが記され、また『書留』の天和二年（一六八二）の項には、深川八幡門前で売女が逮捕されたことが記されている。元禄以前に深川が町家として急成長してきたことは確かだ。

天和三年成立とされる戸田茂睡著『紫の一本』は、江戸の周遊紀行ともよぶべきものであるが、その成立時期は疑問視されている。以下に引用する一文も元禄以降の書き足し部分であろうとされている。書き足し部分は、いくつか散見するが、大雑把にいって『紫の一本』は、元禄期（一六八八〜一七〇三）前後の深川の状況を述べていることは確かだ。おそらくめざましい江戸の復興への共感を記したのだ。以下は、『紫の一本』巻二の「永代島」と題された一項目である。

八幡の社あり。この地江戸を離れ宮居遠ければ、参詣の人も稀にして、島の内繁昌すべからずとて、御慈悲を以て御法度もゆるやかなれば、八幡の社より手前二三町が内は、表店はみな茶屋にて、あまたの女を置きて参詣の輩のなぐさみとす。（中略）酌をとらせ小唄を謡はせ、三味線をひき鼓を打ちて、後はいざ踊らんとて、当世はやる伊勢をどり、（中略）手拍子を合せてをどる

隠売女への規制が、各地の岡場所でまちまちであったことは、例えば護国寺の庇護のあった音羽であるとか、八代将軍吉宗の影響があったかと思われる赤坂氷川といった例に見ることが出来る。深川も「御法度」がゆるやかであったのである。表向き茶屋で接待をし、内で女性を抱え売春をさせるという形式は、すでに述べてきた湯女から茶屋女という流れのものであり、寛文・天和と摘発のあったことも述べた。伊勢踊りの流行も延宝五年（一六七七）頃から深川でも盛んになったのである。元禄以前から、深川は賑やかな町として栄えていったのだ。伊勢音頭の光景は後に遊女や芸者と「騒ぎ」に興じる深川の特徴の源泉ともとらえうるであろう。

元禄四年（一六九一）には亀戸に銭座がもうけられ（亀戸天神社創建は寛文三年）寛永通宝が鋳造され、元禄六年には、新大橋が架橋され、元禄十一年（一六九八）には、永代橋も

架橋される。これらの橋は町の請負で工事が進められ、橋銭の徴収も町人の自治管理が取られた。しかし、元禄末年から深川がいかなる状況であったかはよく知られていないようだ。元禄十六年（一七〇三）の大地震が三十三間堂をはじめ大きな被害をもたらし、さらに宝永元年（一七〇四）、深川の町は大雨と洪水によってほぼ埋没したともいわれる。元禄末年頃から宝永・正徳へかけてのこの地方の遊里の状況は資料的に十分でないようだ。元禄末から享保中頃まで深川はやや衰微の状況を迎えたのであろう。

庶民の町

深川の都市としての特徴を知るために、江戸の人口推移と深川の位置状況についても簡単に触れておきたい。

『紫の一本』巻四に深川の八幡宮について、「この地江戸を離れ宮居（みやい）遠ければ」とあるが、幕府が明確な江戸の範囲（御府内）を決めたのは、文政元年（一八一八）における朱引きである。東は中川を限り、西は神田上水、南は南品川をふくむ目黒川辺、北は荒川・石神井川下流を限りとした。朱引きの範囲内に深川は位置する。

江戸払いという罪科がある。罪人を品川、板橋、千住、四谷大木戸および本所深川の外へ追い払うことである。本所深川に関して、『御触書宝暦集成』延享五年（一七四八）の項に〈「江戸払御仕置之儀、唯今迄は、本所深川罷在り候儀」構いなしであったが、「向後江戸払御仕置相当之者は、江戸幷本所、深川町奉行支配限り」立ち入り禁止〉としたとある。この時に江戸市中格として罪人立ち入り禁止の土地になったのだ。このことを江戸十里四方追放ともいう。これは日本橋から五里四方の外へ罪人を追い出すということである。深川は、四宿並みに扱われた管理地域ということになる。江戸時代初期、門前町の形成から約百年、深川は江戸の一部の繁華な都市として認知されたのである。

寛文二年（一六六二）頃になると、芝から浅草に至る街道筋の整備が進みそれまで街道筋の代官支配から、町並地としての町奉行支配に変わる。この頃町数は倍増し六〇〇を超え、さらに元禄頃（一六八八〜一七〇三）になると、千住から品川まで〈大江戸〉とよばれる町屋が続くようになる。それまでは、日本橋を基準として徒歩で日帰りの出来る範囲、二里四方を江戸といったが、この時期には四里四方といわれるまでに拡大される。江戸は正徳三年（一七一三）には町屋も九〇〇を超え、延享年間（一七四四〜四七）には一六七八町となる。いわゆる江戸八百八町の倍となったのである。岡場所の最盛期がこの時期であることは記憶しておかねばならない。

江戸は、元禄期に人口が約八〇万人に達した。八〇万の内、半数の四〇万が武家方、三五万人が町方、寺社五万というのが大雑把な区分けだ。その人口が、一八世紀中頃、つまり、岡場所の全盛期を迎える宝暦の時代頃（一七五一年以降）になると、一〇〇万の内、武家が五〇万、町方が約五〇万人になる。切絵図などを見ても十分想像がつくが、江戸の大半、約70パーセントは、武家地であった。それに対して、町方の面積は、全体の約20パーセントにみたない。他は寺社地などだ。町方の人口密度は一㎢あたり約六万人であったという。偏向的過密都市といっていい。ちなみに、現在一㎢あたりの人口密度では、東京都豊島区や中野区が二万人を超えてもっとも高い数字を示している。地域構造の差があり、単純比較はできないが、香港では、可住地域の密集地は、五万人を超えるという。

そして、江東区深川江戸資料館がモデル展示している深川佐賀町では、町内の人口三一一人の中で店借人（町人とよばれるのは、町の政治に参加できる人で大家や職人の頭、店借人は店子、長屋に住む人たち）は、二四九人で、率にすると80・1パーセントになる。この比率は、店借戸数の居住戸数の比率をみても、佐賀町と深川全体ではほとんど変わりなく80パーセントを越えている（注35）。深川では町を歩くほとんどの人が、雇われ人であり、庶民であったということだ。江戸の町で、店子（庶民）の比率が高いのは深川の他では、本所・

芝・下谷・赤坂である。それらはやはり岡場所成立の地域と重なっている。

岡場所は混濁する巷に存在したのである。岡場所の代表格江戸深川の遊里はハエのたかる夢の島から、遊女と客が織りなす一夜の夢の島へと転じていったのである。もとより艶やかな弦歌の底に、人権を無視された買売春の汚泥が重なっていることを忘れてはならない。

世にも不思議な作品洒落本

洒落本登場以前にも、遊里は、江戸時代初めの仮名草子以来、井原西鶴や、八文字屋を中心とする浮世草子など実に多くの作品に描かれている。遊里に醸成する遊女と客の関係は、「色」と「金」に縛られる浮世の様を描き出すことに実に好都合の題材であったからである。しかし、仮名草子も浮世草子も遊里のみを中心として描いたものではない、題材の対象は広く、金銭に右往左往する町人の姿であったり、諸国の奇談であったり、また武士社会の諸相を描いたり、またある時には法話であったり、教訓的な言辞をならべたり実に多様な世の中のありさまを描いたものであった。

しかし、岡場所最盛期の一八世紀半ば、年号でいえば宝暦・明和時代の頃から、遊里を話題とする〈洒落本〉が異常ともいえる勢いで市場を席巻する。その中には、小説史として組み入れることの出来ない遊里案内パンフレットや遊里の番付、遊女の細見を主としたものといった類まで混入する。

異常ともいえる〈遊里〉への関心が高まったのである。それはそれまで隆盛を誇った吉原を主体としたものではなく、この時代に盛んとなった岡場所の多大な影響によるものであることは確かである。

江戸文学研究の泰斗、中村幸彦は、宝暦頃から盛んに刊行された遊里を主題とした洒落本の変遷を述べる際に、小説史から除外すべきものの多く有ることを述べた後、次のようにいう。

「それにしても宝暦頃から始まったとしても、それから幕末まで広義の洒落本で約六〇〇、狭く小説的なもので約四〇〇数十が刊行、写本で残るものも一〇〇に近かろうか。それが皆遊里と遊びにかかわるという。思えば世にも不思議な作品群である（注36）」

この湧き出るような不思議な作品群を、同時代の曲亭馬琴は、『近世物之本江戸作者部類』（天保五年刊　一八三四）で次のように述べる。

> 明和の季の比より寛政の初めまで、柳巷花街に耽りぬる嫖客のおもむけるを、半紙二ツ裁にしたる一小冊に綴りて、よくその情状を演たる誨淫の艶史を、世俗洒落本と喚倣したり

「半紙二ツ裁」の形はその形状から、「蒟蒻本」とよばれた洒落本。対象は柳巷花街〈遊所〉に遊び耽る男たちのさまを書き記した、まさに淫風を教え導き肉欲を誘導したと評される好色の歴史書である。その繁昌は、松平定信の寛政の改革で奔放なる書き手を失い壊滅状態になる。いささか短命であり、精彩を欠くあだ花のごとくであったにせよ、それは吉原のみならず、岡場所の繁昌の様をもっともよく描き写したのである。中でも深川を対象とする洒落本の数は、他の品川、内藤新宿などの岡場所を対象とする洒落本より圧倒的多数を占めたのである。他所と重複したものを含むと主なものだけ数えても深川は四〇種を超えるであろう。対して品川関連は半数の二〇種程度、内藤新宿は約七種程度である。

『辰巳之園』自序

その不思議な作品群の内で、夢中散人寝言先生なる人物が記した明和七年（一七七〇）刊

の洒落本『辰巳之園』は、深川を題材とする数ある作品の中で嚆矢ともよぶべき作品である。この序文には、深川の特徴が実によく表現されている。いささか長文になるが全文を引用し（注37）、小分けしながら説明を加え深川の姿を浮きぼりにすることにした。

自序

冨賀岡八幡宮は、鎌倉鶴ケ岡を移し奉り、貴賤老若の信ゝ日ゝに弥まし四季折〱の賑か、二軒茶屋其外。楊枝見せ・葭笛茶屋等の美婦は紅粉を粧ひ、品形の美きを見れば、楽は外にあらじとおぼゆる

すでに述べてきたが、深川の繁昌は、寛永年間（一六二四〜）創建の八幡宮によったのであるが、「鎌倉鶴ケ岡を移し奉り」といった記述は、『御府内備考』などの記述にも見えない。『深川寺社書上』には、「往古より小洞これあり候て、神明宮を勧請いたしおき……」と見え、また、深川が戦国時代の浮浪者が土着し、「神明宮のちの天祖神社（天照大神）の小祠があった」（注37）といった記述でも、現代の由緒書にも鎌倉鶴ケ岡八幡宮との関係は触れていない。鎌倉鶴ケ岡八幡宮が武家の崇信を集めたことを敷衍した表現であり、人々

の深川への意識が垣間見られる書き出しといっていい。もとより戯作の手法であり、背伸びした無用の表現であると目くじらをたてることもないが、徳川家の祖神におもねるごとき気になる表現だ。そして、四季の繁昌、ことに八幡境内にあった松本・伊勢屋の二軒の料理茶屋をあげ、さらに楊枝店やヨシズ張りの簡素な茶屋にふれる。「品形」とは、容姿のみではないその人柄に魅力があるというのである。

> さるにより此土地に楽遊民は、北国の面白きを知らず、美国の吉原くらぶれば、九牛か一毛とやいわむ。去ながら。餅好酒の酔事をそねみ、酒好は餅の風味を悪む。吉原の位あつて静かなる遊びを知らずして、此所の素人らしき娘風を悦び、又此土地のわつさりとしたる楽を、吉原好は知らずと、深川好北国をにくむ。吉原客は深川は下卑なりと笑ふ。いかであらそふ時は、水掛論とやいわむ

遊民については、日本で最初のベストセラーなどと称される『清水物語』（寛永十五年刊一六三八）（注38）に「士農工商の四民は、国の宝、なくて叶はぬものなり。その外に用もたたぬ者も遊民と申し候」などとある。本来、士農工商と分けられない階級の人々、例えば

遊女や僧職にあるものなどだが、ここは字義そのままに遊客一般であろうが、階級意識を越える意味もある。品川の客は武士・僧侶が多いとか、また吉原での高級な客は大名や大尽といった富裕層であるとか、根津は大工が多いとかいったような客層の傾向を区分けしているが、深川の客は、階層でいえば中間層、商家の使用人を中心とする庶民だ。

吉原との比較

次は伝統的な酒餅論を真似た吉原と深川の比較である。前田愛が『深川文化史の研究上』（江東区　昭和六十二年刊）の「いきと深川」で示した特性比較をやや拡大して示す。

〈吉原〉	**〈深川〉**
公的認知（公娼）	私的認知（私娼）
手続きの形式的煩雑	開放的気ままさ
玄人好み（疑似的夫婦）	素人風（娘風を好む）
上品	下品（下卑を笑う）
濃厚さ（重くれ）	淡泊（わっさりとした楽しみ）

静かな遊び——騒がしい（躁）

以上の中でも、「此土地のわつさりとしたる楽を吉原好は知らず」といった部分が眼目である。「わつさり」は、深川に特別の遊びの美学ではない。『都風俗鑑』（延宝九年成　一六八一）の序文冒頭に「めでたし〳〵、是太平（たいへい）の御代（みよ）の春、道の道たる本（もと）つ国、都の当世（とうせい）わつさりと、浮に浮かれし男女貴賤……」とあり、また巻第一の冒頭でも「おもくれたることには、微塵気がなく、ただわつさりとなりて、楽を第一と好みければ……」（注38）などとある。「おもくれ」は、粘着的な生真面目な生活実感からくる遊女への評価である。遊女評判記『満散利久佐（まさりぐさ）』には、「ぶたぶたと肥めにて気立重くれたり」などとある。対して「わつさり」は、軽やかにさっぱりとして、しかも陽気に遊ぶさまである。

　これは深川をして「わが庵は都の辰巳鹿ぞすむ世を宇治山と人はいふなり」の古歌を踏まえ（実際には卯辰の方向が近い）、辰巳とよび、江戸東都の辰巳ながら都の鹿のすむような寂しい憂き（宇治）ところではないと言外にふくみ、「ぬり家の下茶屋」（柱などを黒くする）などと気取った深川の上方への対抗意識とも重なるであろう。深川には、吉原の江戸風と異った上方風の遊びも物資の渡来とともに流れていたのだ。吉原が、初会・裏・三回目といった作法を重んじ偽装された夫婦関係もどきを手続きとして行うのに対して、深川では「チョンの間」といった短時間での騒ぎ遊びが推奨されたのである。

吉原に昼三あれば、仲丁・土橋あり、打附有ば、櫓下・佃嶋あり。
壱分弐人・六寸には新地・入船・石場・三間堂を譬て、爰に楽む。

吉原内での遊女のランクと、深川七場所と称せられたランクの比較だ。

昼三は、散茶とも称する、揚げ代金は、昼夜ともに三分であったところからの呼称、当時吉原で最高級の遊女である。打附は、揚げ代金一分、ひつぱりは二朱の遊女、一分を二朱に分けたところのあて字で壱分弐人としたのであろう。六寸は、銭六百文の最下級、河岸店女郎である。対して深川は、昼三に相応する最上級クラスが、仲町・土橋（ともに永代寺門前）、以下櫓下（永代寺門前の火の見櫓周辺の表櫓・裏櫓・裾継）、さらにランクが下がって、新地（永代橋南側）、石場（新地の東側）、この辺は二朱、最下級は、入船（土橋の東、洲崎付近）、三間堂は、八幡宮の東の三十三間堂のことで四六見世とも称するが、昼四百文、夜六百文といわれる（第五章「岡場所一覧」の『婦美車』における深川のランク付けを参照）。

姉女郎あれば、年廻有り。禿有れば小女子と云あり。花車有れば送迎男あり。牽頭持芸者ト云。

花魁に対しては年増芸者、花魁の身の回りの世話をする禿に対して深川では、「こぢょこ」などともまた「小女郎」ともいった。遣り手に対しては、客の送り迎えや客の取り扱いをする「まわし方」がいる。「まわし方」は、吉原でも同様によぶ、「妓夫」（牛とも）「若い者」などと、ここでは男性の使用人をいうが、深川では、「かる子」とよばれる女性の配膳係もいる。この点は、章を改めて後述する。

浅草観音にくらぶれば、八幡大菩薩を信ずる。聖天は則永代寺の寺中に有り、九郎助稲荷に仲丁のいなりを譬へ、松田稲荷は黒江町のいなりをいわん。又朝日如来には永代寺の本尊をなぞらゑん。大雲寺前あれば永代寺門前有、大門あれば大鳥居有。土手あれば、永代橋有、衣紋坂には。櫓下の火の見を譬ん。此火の見を見て衣紋を作る。桜の代りに山開といふ有り。燈籠の賑かあれば、八幡の祭り有。船宿を呼は、むかふの人をよぶにひとしく。引け四つの静あれば四つさきなとト云事有。

吉原近辺の神社と深川の神社の対応を述べる。浅草観音に深川八幡、待乳山の聖天様と永代寺の本尊歓喜天、吉原の京町二丁目で羅生門河岸近くにあり遊女に崇敬された九郎助稲荷と深川仲町の稲荷（現在、清澄三丁目の深川稲荷社、開運稲荷とも称された）、吉原京町一丁目の松田稲荷と深川黒江稲荷（現在の黒船稲荷社、深川黒船町が享保十七年火災により代替え町として黒江町となった）、吉原新町の妓楼丸屋方に安置されていた弥陀像に対しては、永代寺の阿弥陀如来坐像、吉原の裏手にある大音寺の訛（大雲寺前）に対して永代寺門前、吉原の大門に対して八幡宮の一の鳥居と対応させる。さらに日本堤と永代橋、衣紋坂に火の見櫓を対応させる。こじつけにやや無理があるようだが、吉原と深川の風土を対応させる面白さがある。

季節の風俗としては、吉原の夜桜見物に対して永代寺の弘法大師の命日に行われる庭園（現在の深川公園）を開放した山開きがある。吉原と深川の対応が船宿の部分だけ逆になっているが、「むかふの人をよぶ」は、禿などが店屋や使用人をよぶ決まり文句で、船宿は子どもが声を出して届くほどに気軽で近いということをいうのであろう。

引け四つは、吉原で実際には九つ（午後十二時）であったが、四つ（午後十時）とみなして拍子木を四つ打った。この時間から吉原は静かになる。四つさきは、深川では午後十時からにぎやかになり、翌朝までを一区切りとした。「深川は一夜に二度の別れ」などという、四つ時の別れと八つ（午前二時）の別れがあるの意。吉原では虚偽の時刻で客を引き留めたが、深川では、「深川はまだほやほやの鐘の音」などといった句からも、遊びの時間に鷹揚であった。

意気地と達引

吉原に意気地あれば、此土地に達引有。丁に振と云事あれば、爰に照すと云事有。照と降との事にや。姉女郎、御亭様の替名あれば、茶屋の女房を一流に伯母様と呼ぶ。其外お針、隠居さんなどの通言あり。爰に略して、末にこと〲くあらわす。誠に落れば同じ谷川の水のごとく、若衆好も、吉原好も、深川好も遊びにかわる事はあらじ。諺に云、立臼も二階へ登るの道理なり吉原関係に「意気地」の用例がしばしば見えてくるのは、一七世紀後半であろう。自分の考えを貫く事、心意気などとほぼ同義で、他者と張り合う心持で、遊女評判記『吉原大全新鑑』（寛文六年刊　一六六六）には、遊女「とさ」という人物評に、「顔うつくしく、りはつもの也。いきぢもの也。心中ぬからぬもの也。道中なるほどよし」などとある。「意気地」が、客に対する内面的意識であるのに対して、主に遊女同士で客の扱いで意地を張り合うのを「達引」という。吉原、品川、深川の比較を述べた『古契三娼（こけいのさんしょう）』（天明七年刊　一七八七）には、「深川といふ所は、客人の遊びにでへぶあんばいのある所さ、色男に代えても金に代えても、子どもどうしのたてひきをおもにする所さ」などとある。子どもは深川における遊女の称。「振る」、「照らす」ともに、客を拒絶すること。前掲『古契三娼』の自序には、「北郭にふるといふ言あれば、河東にてらすといふ言あり」とある、北郭は吉原、河東は深川のこと。

婦女郎（花魁・おいらん）以下は、吉原詞と深川詞の相違を述べたもの。吉原では、御亭様と男主人をいうのに対して、深川では、茶屋の女房はおしなべて「おばさん」というなどとある。男性中心のマネージメントを行う吉原に対して、女性が表向き仕事を行う状況を見ることが出来よう。

本書『辰巳之園』の終わりには、深川での特殊な言葉使いが列挙されている。「大吉」などはその一例で、大吉は、「小凶」と見て、「性悪の男、浮気者」など嫌われ者の通言である。野暮な客は、大吉とよばれて嬉しがって馬鹿にされたのである。遊客を、男色好きの若衆好み、吉原好み、深川好みと三分類している発想も面白い。「立臼も二階へ登る」はありえないことを意味する諺であるがここでは、誰であるにせよ、遊女屋・茶屋などのすこしぜいたくな二階で遊ぶのを好むのはどれも一緒で違いないという意味を喩えたのである。

> さりながら此所の疵には、晴たる遊里あらざれば、北国より禁ずる時は勤暫休と云、百日余りの大紋日あり。されど丁より禁ずるとも。深川客 吉原へはゆかず、井に水なき時は川水のたすけ有り。既に慈童は菊の露に長寿をたもちしと、聞伝しなれど、此草紙は深川のくわしきを書集たれば吉原の目を。忍ぶ已而。穴堅ゝゝ。

深川は「晴たる遊里」、公認の遊里ではないとして、深川の欠点は、「ケイドウ」のあることと述べる。吉原（北国）の業者から非認可の岡場所取り締まり要請が出る。いわゆる〈臨検〉（法規遵守のための現場への立ち入り）「ケイドウ」については、既に記した（第三章ケイドウ参照）のでここでは省略するが、「ケイドウ」によって、吉原に送られた深川の遊女が、吉原で活躍することは、前掲書の『古契三娼』には、「吉原でも今は通り名を付てたいそうにして居る女郎衆がみんな子どもさ」などとある。吉原に引き渡された遊女たちは、苦役の奴女郎として、吉原で見世に出されたのであるが、吉原でも大いに人気を集めたのである。「紋日」は、遊郭の祝祭日等に遊女が諸費用をまかない客をよび寄せる日のことであるが、ここでは休日にたとえた。ケイドウに「勤め暫休」とあてたのも面白い。丁は吉原仲の町。深川に行けなくなっても（井に水なく）他の場所に遊客は出かけたのである。「川水のたすけ」で行くところは、船で行く岡場所中洲などを指してのことであろう。菊慈童は、周の王に愛された侍童で罪を犯して流され、その地で菊の露を飲んで不老不死の仙人になったという故事だが、ここでは、水の縁で露をよび、また女色の世界が寂れれば男色の遊びが盛んになり、行き場所に困ることはないとでもいうのであろう。「あなかしこ」〈おそれおおい〉は、吉原への敬意？　をこめた皮肉であろう。

さて、ここまでが、深川の概略であるが、『辰巳之園』の筆にまかせて、船に揺られて、深川へ出かけることにしよう。

船宿から深川へ

頃は二月の半ば、舞台は江戸日本橋茅場町薬師堂。そこで出会ったのが、知ったかぶりの〈半可通〉如雷と野暮な田舎侍新五左衛門である（以下新左）。語尾の「べい」は関東の田舎言葉。

如雷　主はなんと、深川ゑいくきはなしか。
新左　どこへなりと行きますべい。
如雷（前略）ちつと用もあれど、用事流しの、ちよんの間遊びと出やう。船に乗ふか。

「少し用事もあるが、それはすっぽかして行こうか」と如雷。チョンの間、短い時間であっさり遊ぶのが粋風なのだ。

案内人は如雷。鎧の渡しの船宿から出発だ。

明治五年に日本橋川（現中央区）に鎧橋が架かったが、当時は渡しのみ。歌川広重の『名所江戸百景』の内「鎧の渡し小網町」にその景が描かれている。現在は首都高速道路の下。

船宿は、江戸の二大遊里「吉原・深川」への行路に欠かせない。神田川、柳橋は吉原通い、八丁堀、新川等はもっぱら深川への船便のターミナルだ。各所の船宿の総数、文政期（一九世紀前半）には六〇〇有余もあったという。

深川通いの船宿は、吉原の引手茶屋の役割、遊客案内所だ。親父はどっしり構えて、女房が客を一手に切り盛りした。遊客の方から船宿の女房の機嫌を取るのが常だった。女房は水辺の遊里の関守といったところである。

「てえ〱（並大抵の）口やかましのじゃござりあせん」と船宿の女房から噂される浅黄裏、如雷の船宿での評判はよくない。

『江戸名所百人美女』の「永代橋」に描かれる「船宿の女房」、手あぶりと蒲団を持ち出したところだ。この季節（今なら三月半過ぎ）ではそんな気遣いも不要であろう。

『巽八景』の「大江戸と　ならぬ昔の武蔵野の　尾花や招きよせたりし　恋と情の深川や縁もながき永代の　帰帆はいきな送り船」などと口ずさみたいところだ。船宿の女房と如雷、船頭次郎との会話である。

女房　（船のへ先を持て押出ス）お帰りに、おより遊せ。

如雷　アイいつてめヱりやせう。

女房　イヤ次郎どん、白木やの清助（せえすけ）さんの文を。
次郎　夫（それ）〳〵、そつからなげておくんなんし。
女房　そんならなげるによ。そりや。
次郎　おつと来（き）やした。（文をふところへ入、船はよほど出る）
次郎　とりかぢ〳〵、やんわりと〳〵。エ、べらぼう、跡先（あとさき）見てこげ。

船頭

深川遊びで、船頭の位置は大きい。受け取ったのは日本橋のお得意様、呉服屋、白木屋の番頭清助からの手紙であろう。

船頭は駕籠かき（かごや）とは違う。客と遊女の橋渡し、手紙の受け渡しもやっていたからか、船頭の中にはかなり生意気なものもいたようだ。『契国策（けいこくさく）』には、こんな描写もある。深川八幡前、「鳥居の前なり川岸にこぎつけたる船より」上がって茶屋に入る場面だ。

船頭とおぼしき男、まくら箱さげて鼻歌歌ふて横柄（おうへい）らしく連れたち行き、茶屋の庭へ入るやいな、内から二三人女子（おんなこ）ども駆け出、客に挨拶もなく、かの船頭に詞（ことば）をかければおう揚な顔して、さあお上がりなされませと、言いく先へ上がる。

船の中にある引き出しの付いた火縄箱を下げてやってきた船頭、鼻歌を歌いながら威張った様子の横柄な態度で客を連れて茶屋へ入る。すると女の子が駆け出し、客に挨拶をするでもなく、真っ先に船頭に声をかける。船頭もいかにも威厳があるような鷹揚な態度で応じている。

さらに同書には、深川遊びの特異な形として、

近頃は洒落て一座で床を並ぶるも粋（いき）の世の中、船頭は又客人より上座して大あぐらで騒ぎやら声色（こわいろ）やら……これも此里のならはしとて是非もなし。

実に屈託のない遊びの様、客も芸者も遊女もそして船頭も一緒になって「床を並ぶる」〈雑魚寝（ざこね）〉をするのが粋というのであろう。上方での遊びに芸者と数名の客が一室にまじって帯を解かずに寝ることがある（歌舞伎「五大力恋緘（ごだいりきこいのふうじめ）」三幕）がそんな様子であろうか。京都祇園で舞妓芸妓と一つの座敷に入り乱れて枕を並べる遊びと似たものであろうか。船

頭も客人より大きな顔をして胡坐をかき幇間のようなこともしたのである。
格式ばった吉原の遊びと比べるまでもない。放埒な、勝手気ままといっていいような遊びが深川だ。

文化三年（一八〇六）刊行とされる式亭三馬の『船頭深話』に、〈深川の船頭は江戸っ子でなければならない、そうでなければ上総房州の者である〉とある。山中共古の注記によれば、「江戸府内といへば、広きは浅草辺、深川辺などにて、江戸と称せしは、神田辺より下町辺をいへることなり」（注39）と記している。『船頭深話』では、深川の遊女おとまも以下のような啖呵を切っている。

「いかに情なし商売で、嘘が元手の勤はしても、わたやァ性が江戸っ子だから理にはづれた事は出来やせん」とあり、また「市川流の荒事は、江戸っ子のきもにひしとこたへ」（『青楼小鍋立』享和二年（一八〇二）刊）といった用例もある。〈江戸っ子〉の用語は、ほぼ宝暦の時代から使われたこととはよく知られている。深川芸者、遊女、さらに船頭といった人々の意気地、張りにふさわしい言葉が〈江戸っ子〉という表現だ。

『船頭深話』には、こんな言葉もある。

つら〱想ふに、客は船也娼婦は水也。恋の重楫。情の取楫。楫のふりやふ悪しければ、傀儡の浪、客の船をくつがへし終には一生をあやまつに至る。

水辺の遊里の船頭。その棹さばき一つで、そこに生活する女性たち、また寄り来る遊客の人生を操ったのである。

船頭はよくモテた。遊び過ぎて勘当された若旦那がにわか商売に選んだのも船頭である。落語「船徳」はその様を陽気に語る。船頭賛歌に時間を取られた。船に戻って、如雷の案内を聞くことにする。

如雷　新ぼう、此新川筋の蔵どもを見やれ。是が皆酒だよ。
新左　大けなものじゃ。

船は新堀川筋の蔵屋敷を見ながら進む。「新川といえば、人皆酒問屋の本場たるを知る。新川は実に天下美禄の分配所」（『新撰東京名所図会』明治二十九年）などと称されたところである。今隅田川に面した小さな新川公園に「新川之跡」と彫った記念碑があり、「萬治三年（一六六〇）河村瑞軒伝開墾此地　昭和二十三年（一九四八）以戦災焦土埋之」とある。色里に酒はつきもの、ここは下り酒。美禄は酒の異称。「天下美禄」とはいい言葉だが、戦災の傷跡をはっきり明記した碑文である。

永代橋の下にさしかかると、船頭の声がかかる。

次郎　もし旦那、お頭巾。

如雷　（頭巾を取て）新さん、頭巾をとりねヱ。

新左　頭巾をなぜ取。

如雷　ここは船改の番所だ。見ねヱ、暮方からは是に火を燈す。此橋が永代橋と云のだ。橋下から見へるが、仙台河岸。こちらの、火の見の下を這入と、八幡の裏、二軒茶や、櫓下などへ行て

船は、幕府設置の通行船を取り締まる番屋の前を通る。永代橋西詰の付近、切絵図にもその名がある。この当時の永代橋の位置は、今見る位置より百メートルほど、川下にあった。元禄十一年（一六九八）に、幕府の廃橋案に反対した町人が自らの手で造ったものだ

が、その後も何度か破損する。そして文化四年（一八〇七）には富岡八幡の祭礼の人波で崩落し、一五〇〇余人もの命を奪った。その際も町人はこの橋の存続を訴え再興した。町人自治のシンボルである。水辺の遊里は、庶民のものだ。

中洲

永代橋の先、左岸に見えたはずが三俣の中洲（なかず）である。舟が行くのは、明和七年（一七七〇）であるからまだ埋め立て工事は始まっていない。草ぼうぼうの湿地が見えたはずである。中洲の埋め立てが始まったのは明和八年（一七七一）、中洲新地として竣工したのは翌年の安永元年（一七七二）である。この埋め立て工事は田沼意次（おきつぐ）の推進によるものだ。同四年（一七七五）には町屋も完備し、町名も三俣富永町（みつまたとみなが）と称し、川岸約三二〇メートル、坪数約三二〇〇アール（約一万坪弱、東京ドームは約一万四〇〇〇坪）の中に、船宿一四軒、出会い茶屋九三軒、湯屋三軒、料理茶屋八軒が軒を並べ、芸者の数は二七人、遊女の数は数えきれないほどいた。「歌枕」によまれた「須磨・明石」（兵庫県）にも勝る日本一の観月の名所と激賞したのは『江戸名所記』（寛文二年刊　一六六二）である。『中洲雀』（安永六年刊　一七七七）には、「中でも料理屋四季庵の俎板（まないた）には肴の骨うずたかく、深川、両国は寂（すた）れた」

とあり、船頭の様は「楫の声に咽をからし、緋縮緬の褌垂長くして膝を過ぎる風にゆれて、翩翻と波にひらめく有様は竜田の紅葉と疑わる」などとある。カジ取りに声をからし、赤い褌を長くたらし、竜田川の紅葉のようであったのだ。屋形船、茶船、煮売り船がひしめき、舫う船の中では義太夫節を歌わせてしっぽり濡れ場となった。船は密会の場所でもあった。

「町人は武士を学び武士は町人の風に作りて洒落る世の中」(『中洲雀』)とも語る。水辺は身分を越え享楽の自由をよび込んだ。天明八年(一七八八)には、焼け出された吉原から遊女たちが集まり仮宅の営業をはじめ、新開地の最下級の地獄とよばれた遊女や船饅頭(船中を稼ぎ場とした私娼)たちと一緒にひしめき合った。正月には、親子連れの凧あげの場所としても人気があった。得意満面な江戸っ子たちの遊びの坩堝である。

最高潮は永く続かない。寛政元年(一七八九)、私娼たちが根こそぎ逮捕されたばかりではない、土地そのものが取り壊され、元の水面に変わった。お上は中洲に洪水の危険があると説いたが、人々は田沼意次罷免と松平定信の寛政の改革の始動であることを知っていた。砂上の楼閣、水泡の遊里というべきか、十四年の短命だ。雑俳に、

中洲今馬鹿どもが夢の跡

馬鹿は破家とも書く。放蕩の果てに家産を破る者の意である。

中洲が河岸として復活したのは、明治十九年（一八八六）のことだ。同二十六年（一八九三）に芝居の真砂座が出来、付近に安い銘酒屋などが並び、花街の風情を漂わせた。

近くに高尾稲荷神社がある。吉原名代の遊女高尾が仙台藩の若殿様の誘いに背き、三叉の沖で殺害されその屍を祀ったとされる神社だ。真偽不明、いつからの伝承かはっきりしないが、権力に押しつぶされた遊里のスターに込める庶民の怨念だけは語り継がれた。如雷が指さす仙台河岸ゆかりの話である。

どうもわき見が過ぎたようだ。如雷の深川案内に戻ることにする。

新左　此ちよぴりとした所は、なんじやへ。

如雷　是(こゝ)は八左ヱ門島(じま)と云。此向(むかふ)が佃島(つくだしま)。

新左　こゝにも有か。

如雷　イヤ爰(こゝ)は猟師(りやうし)ばかり居る。女郎の有は、八幡の向(むかふ)のさ。新地も近し、石場も近けれど、新地などは下卑じやて。のふ船しう。

次郎　イヤ其やうに、きたなくもござりやせん。しんちの播磨やなどは、よくいたしますよ。子供は揃ふて居るなり、女共も能いたします。ちと御出なんし。

如雷　こいつは、播磨やに色が有な。もうせんでもかぶるな。

次郎　つがもねヱ。そんな事するのじやござりやせん。旦那どこへお出なんす。

八左ヱ門嶋は、後の石川島。火付盗賊改め長谷川平蔵が人足寄場を作り無宿人を収容したのは、寛政二年（一七九〇）である。この時はまだ石川大隅守八左衛門の屋敷内である。佃島の北にあたった。この佃島を、深川の遊里七場所の一つ佃新地と新左は取り違えたのである。新地は下卑たところだと如雷の知ったかぶり（半可通）が続く。如雷は船頭に向かって、お前は新地の播磨屋の彼女にふられしくじったな（「もうせんでもかぶるな」）などというが、ばかなことというな「つがもねヱ」と相手にされない。

船は深川に着いた。

如雷　されば、どこがよかろふ。仲丁にしやうか、土橋にしやうか。さ新さん、あがんねヱ。

新五 （中略）早いもんだ。夢のやうにきた。

如雷 そんなら、先へ行ぞ。新さん、こつちへきねヱ。

二人の遊びの結末がどうなったかは、知れたこと。コケにされるのはオチである。ふられた如雷の嘆き節を記しておこう。お長は相方、お中は仲裁役の遊女である。お長が指で如雷の顔をつつきながら嫌味をいう。

お長 お前ほど、色男なりやアいゝ。

如雷 何ンの事た、此ふんばりめは。いゝかとおもつて喰のめすなといゝながら、手を打。

お中 あいゝ。

如雷 是お中さんとやら、此売買女さげてくんねェ。

お中 どうなされます。

如雷 あんまり、心いゝ（お人よし）とおもつて、何のかのと、茶にしやアがる（ばかにする)、其上(そのうへ)、野郎の根づけを見るやうに(飾りもののように)、蒲団とおればかり置て、廊下ばかりそゝり(ひやかし歩く)やァがる。

岡場所は客からの一方通行を黙ってはいない。彼女たちにははねのける活達さがあったのである。〈喰のめし〉(ばかにする)、〈茶にする〉(軽くみる)、彼女たちの本音を描いたのが深川の洒落本である。

深川の遊里は水路に囲まれている。深川の「水」辺はそこで働く遊女や芸者たちにとって開かれた世界への通路であった。対して吉原は、堀という「水」によって、その通路をふさがれていたのだ。法に守られた密閉空間の吉原「公娼」の世界である。対して、深川は、非合法が故に遊びの自由があった。岡場所「私娼」の世界である。そこに独特の「粋」が生まれた。非合法であるが故の抵抗の意気地も生まれたのだ。しかし、それが深川女性史の哀歌を刻んだことも事実だ。深川、小名木川、〈女泣き川〉とよばれたことも忘れてはなるまい。

深川に限る渡世

猿猴月成著『巽年代記』（注40）は、深川情調を構成している要因として「深川に限る渡世」を上げている。即ち以下の一二項目である。

①水道の水船　②木場の角乗り　③送り船の佃騒ぎ　④三月よりの袷（あはせ）小袖
⑤ぬり家の大茶屋　⑥貝殻問屋　⑦仲町夜あかし茶飯　⑧女のかるこ
⑨五軒女主人の大茶屋　⑩暮六つ限りの茶屋　⑪貝みの汐むき　⑫顔すりといふ女房

それぞれ、遊里としての深川の特色を理解するには、重要な指摘といえよう。若干の説明を加えて、遊里深川の特異性を考えておきたい。

一時的には水道管を通したのだが、費用対効果が適応せず廃止され水船が使われた。その水を運ぶ船頭が大きな役割を果した。水路また飲用水への船頭のかかわりが、遊里への水先案内の船頭の位置も高くしたのである。

角乗りは、木場の設置と呼応する。江戸の都市計画の建築資材の深川集中は、技能の優秀な職人〈鳶の活躍〉世界を生み出し、気っ風のいい、〈いなせ〉な遊客をよび込んだのである。「木遣り唄」などはそれを表象するものである。

遊女や芸者は客をチョキ船で送り迎えした。送り船は、宴の続きであり、船頭は声高らかに「佃節」や「深川節」を歌った。「吹けよ川風あがれよ簾、中の小唄の顔見たや」とは深川芸者の間で流行し、船頭はこの声に合わせて櫓をこいだ。

本来四月から着る袷小袖を、深川の女性たちはいち早く三月から着るというのである。きゃんな深川者は、人に後れることを嫌ったのである。「きゃん」は、「俠」の字をあて、おてんばとも、また気負った粋な様子をいう。

上方風の塗り柱のことは、歌川豊春の「浮画雪見酒宴図」などにも茶屋の柱の様子が描かれている。

貝殻問屋の店も多かった。通りには、子どもがむきみ貝を振り売りに来たのである。江戸深川の蠣は、生産量で日本一になったこともあった。蠣殻は、屋根にもふかれて深川の景観をなし、また、泥濘の多い深川遊里の道にもひかれて遊女・芸妓の裾を汚さぬ物ともなった。深川は海鮮の美味を提供する場であり、食と遊びは一体化していた。

遊びの多くは、時間を区切って夜に遊ぶのであるが、夜明かしをして遊ぶ客に対して、朝食・夜食に茶飯を提供する料理屋が存在した。出前で台の物を頼む吉原などでは、考えられないことかもしれない。のびのびとした遊びの風俗を示しているといってもいい。天保三年（一八三二）～七年刊の寺門静軒著『江戸繁昌記』には、深川では客を迎えるのに、深夜であっても断ることなく、居続けをするものがあっても嫌な顔などしない。深夜に戸を叩く者があってもこれを迎える。宴まさに昼のごとく、客が手を打ち注文する前に熱い吸い物や熱燗を用意すると記されている。偽装された時間の中で吉原の遊びが成立したのに対して、深川の遊びは時間を度外視した放埓な遊びであった。

深川の子ども

深川では、遊女のことを子どもとよんだ。子どもの中で、呼び出し・伏せ玉の二種類がある。呼び出しは、茶屋が呼び出す遊女をいう。呼び出しの遊女つまり子どもを抱えている遊女屋を「子ども屋」とよんだ。芸妓を抱えているところを置屋とよぶが、同じ形式のものである。茶屋と子ども屋との仲介に寄場（よせば）というものを置く。これは、近代の芸者の紹介共同事務所的な役割を行う見番（けんばん）と同じ機能である。会所（かいしょ）ともいう。深川では、一夜に何人もの客を取る「廻し」を行わず、一人の遊女には、一人の客が原則である。これを守るのも寄場である。見番には、芸娼妓の公的な監視といった意味合いがあるが、深川は非認可であるから「寄場」といったのである。

呼び出しの形式をとったのは、土橋・仲町・表櫓である。そして、子ども屋のあるのは、土橋はえいき横町、仲町は仲裏、表櫓は、大裏であった。寛政三年（一七九一）刊『仕懸(しかけ)文庫』は、中裏の子ども屋、寄場の様子を描写する。大磯とあるのは、深川のこと。当代の洒落本は、深川という名称を避け、鎌倉時代にその名を仮託した。寛政の改革における作者の忖度とも、また慣用的な用法であったともとれる。

> 恋と情の中裏(なかうら)とて、大磯通に知られしは、うら屋住(ずま)ゐの小路(こうじ)にして、妓家(こどもや)軒(のき)をつらねつゝ、棟(むね)をならべて櫛(くし)の歯を挽(ひ)くにひとしき人出入、片(かた)ときたへぬ駒下踏(こまげた)の音は会場(よせば)にかしましき

永代寺門の横町の中裏、子ども屋が軒をならべ、人の出入りも絶え間なく、寄場の前は遊女等の駒下駄の音もうるさく聞こえる繁昌の様子である。

寛政十二年（一八〇〇）頃刊『部屋三味線』は、作者「冨岡流女(とみがおかながれめ)」とあって、遊女に仮託して、深川の内幕を描写した洒落本だが、その中で子ども屋の様子を語っている。

場所は、福清という子ども屋、階下は、亭主の部屋では真鍮の茶釜が光を増し、仏壇には、堀之内のお祖師様（日蓮宗）への燈明をにぎやかにとぼしている。抱えの子どもは、二〇人。二階は子どもの部屋。「此子ども屋の二階といつぱ、いづれも取散したるものにて、女護の島の角力部屋といふべく、畳は開帳場の畳よりもぐにやつき……」「明て帰る子はうれしそふに二階へかけ上り、口がかゝりて帯をしめる子は、さも嫌さふにおりる。酒あたりで、赤玉をのむ子あれば、自腹で酒を取り寄せるあり、ふさひで手紙を書く子あれば、勇んで鼾をかく子有、……」、また、梅毒で頭の毛が抜けた遊女と朋輩の看病、慰めの会話などが描写されている。みじめな遊女の様子を描いているとともに、ここでは、吉原には見られないような気ままな様子も描かれている。

　呼び出しに対して、遊女屋（妓楼）に遊女がいる形を「伏せ玉」という。吉原のように公許の場合は、張店に遊女たちが並ぶことが出来るが、深川の場合は、非認可であるから、張店は出来ないので、遊女屋に「玉」（遊女）を隠しておくという意味である。この場合は、吉原と同じように、廻しを取ることになる。伏せ玉より呼び出しの方が、芸もあり品格も上だったようだ。伏せ玉には、寄場のようなところもない、また送迎の付き添いなどもない。伏せ玉のあったところは、石場、新地、裏櫓、裾継、佃などである。

「呼び出し」と「芸者」との間は仲がよくない。呼び出しは、芸と売色を二枚看板にしていた。芸者は仲町と大新地では二枚証文を入れさせているが、ほかでは証文を入れていない。芸者は、芸を売るのであるから、売春の代金（枕金）は別個の勘定となるのであろうが、その区別は難しかったようだ。枕金は、茶屋から芸者に渡してこれを「口止め金」ともよんだという。『契国策』に、芸者の三味線箱に枕を入れておけ、呼び出しには、三味線をひかせないなどとあるが、これはその事情を伝えるものだ。最初の頃は、厳しかったのであろうが、「近頃はしやれて、一座で床を並ぶるも、粋の世の中」ともある。「しやれて」は、そのこだわりも取れての意味であろう。本来別箇の役割を担うものが、ある種の了解点を持ち、許し合い同居するのを「粋」といったのである。極めて変則的な美意識の下で使われた「粋」であろう。芸者と呼び出しの間の区別があいまいなものになっていったことを示す例である。「伏せ玉」の方では、芸者が売色を行うことにはやかましかったという。吉原の芸者が、売色に厳しい自己規制をしたのと同じ意味と取れよう。伏玉の遊客は、呼び出しに比べて、職人や商家の下働きの者たちが多いともいう。

切穴

図7は、初代歌川豊国の享和二年（一八〇二）刊『絵本時世粧』で深川の遊女屋の様相を記したもの。永代寺門前の横町中裏あたりの子ども屋であろう。洒落本『部屋三味線』あたりの描写とも重なるものだ。左側三人の遊女、左側から「口のかゝったこども」「京下りのしんこ」「さしの有無をうかゞふ」と短冊に説明がある。落紙を持つのはお呼びがかかったのである。真ん中は京からの新人であろう。塗りのある大柱とか、雑魚寝遊びとか、深川に京の遊びの影響があることは既に記した。吉原で衰微の頃に新手として京から新人遊女を呼び寄せたという話はあるが、深川でもそんな「しんこ」がいたのであろう。

注目は障子の穴だ。英泉画の『東都名所合』の深川、新地を描いたものにも、障子の切穴から遊客の様子をう

図7　深川の子ども屋（初代歌川豊国画『絵本時世粧』より）　所蔵：国立国会図書館

かがい品定めしている景がある（裾模様の黒い蝶はいい客の到来前兆か……？　これは英泉の絶品）。切穴から、客を見て嫌な場合は、「さし」（差し障り、差し支えの意味）で、客を拒むことが出来たというのである。

山東京伝遺稿とされ、石塚豊芥子が補したという享保四年（一八三三）刊『深川大全』は、深川の特色ある「見番」「ふせ呼出の事」などと項目別に説明を加えたものだが、その一項目に、

さしをつく事　一座の内になじみの客のつれか又は外にて一座せし客などあつて出られぬ事あり、さしをつくといふ

とあり、さらに、客を振って再び来ないようにするのを「つきだす」という、同じようなことは吉原でもあるが（吉原では妓夫が行う）、それをやるのを深川では「妓」（遊女）の心にまかされている。つきだされてはじめてそのことがわかるのだ。などと記されている。

客を選ぶ権利が子ども、遊女また芸者の側にあったというのであろう。田村栄太郎は、「売笑婦でありながら、権力・金力・人柄の嫌味に反抗する自由を具体的に示した」のが障

子の切穴であり、「さし」を「やむをえずに子どもの自由を尊重したものであって、他所の女郎屋にみられない自由であった。しかしそれが「武士は嫌だ、金持は嫌だ」という思想的なものではなく、初会の客の様子で「さし」にするのであるから、どちらかといえば原始的であった」(注41)と述べている。

田村の述べる自由といった表現は、江戸期の「勝手気まま」といった意味合いのものである。その上でここには、深川の気風がきらりと見えるような気がする。これはどんな客でも(ことに初会は)取ることを大前提とした吉原とは異なっている。深川では初めての客を障子の穴からのぞいて、相手をするかどうかを決めるといったことがあったのである。『部屋三味線』には、初会の客を「出るがふつ〱いやで〱つらいから、さしをついて出めへ」といった会話があり、また「さしをついて茶屋でやかましくいふと下駄をひっさげて子ども屋へ帰つて仕まふよふに、手前からさがるやうな気強い子もあるそうな」と、気の強い遊女のありようを述べている。そして聞き手の遊女は、〈そんな我儘なことは伏せ玉では考えられない、「夫だから芳原から見ると大きにこつちらは勤(つとめ)いゝ所さ」〉と答えている。深川での勤めももちろん苦渋に満ちたものであるが、吉原の遊女から見れば、勤めにいいところだと思われていたのだ。「切穴」そして「さし」という行動は、岡場所の雄深川を象徴したものである。

かる子

「かる子」も深川の特徴をよく示したものである。

二〇一二年に幻の作品とよばれた「深川の雪」（享和二年から文化三年頃成　一八〇二〜〇六　図8）が、箱根にある岡田美術館の所蔵となり、二〇一七年にはワズワース・アセーニアム美術館所蔵の「吉原の花」・「品川の月」（フリーア美術館所蔵、展示は原寸大の高精細複製画）と並んで公開された。この公開の意義は、もちろん江戸三大遊所のそろい踏みともいうべき画期的な展示にある。歌麿の類まれなる筆法、そして見るものを圧倒した大きな画面、注目すべき点は多くあった。遊里史からも、公娼（吉原）、準公娼（品川）、私娼（深川）という江戸の三つの遊里体制が描かれ、ことに岡場所の代表的存在である深川が、吉原・品川と肩を並べて描かれているこ

図8　中央料理をはこぶ女性がかる子。「深川の雪」（喜多川歌麿画）　収蔵：岡田美術館

とは、天保の改革以前のこの時期の特殊性を示しているといってもいいであろう。吉原・品川の絵と比較して、「深川の雪」には他には見られない生活感（子ども・笑い・料理）が、岡場所を示すものとして描かれていたことは着目点である。雑誌『東京人』（都市出版 二〇一四年六月号）で美術史家の同館長小林忠氏と対談（「深川の雪」を読み解く）を行い、この絵の中でもっとも画面を引き立てているのは、中央で遊女と向き合いながら、配膳しているかる子の姿ではないかなどと話をした。

この絵が、深川の遊里の一場面であることを明確にするのは、すでに指摘があるように、宿泊を前提としていない深川の遊びに欠かせない布団を運ぶ女性が描かれている点である。追記すれば、右のやや黒みを帯びた灰色の塗り壁、また、薄くではあるが、やや赤みを帯びた柱は、先に述べた深川の特徴であり、地味な黒い着物で、膳を抱えるかる子も「深川の雪」のもつ岡場所特有の生活感の象徴である。

『江戸繁昌記』に、吉原との比較を述べて、

> 北里は即ち、客、妓楼（ぎろう）に就（つ）き、辰巳は則ち、之を酒楼（しゅろう）に聘（まね）く。楼上作成（セハヤク）の者、北に若者（ワカヒモノ）と曰ひ、並びに男子を用ゆ。南に軽子（カルコ）と曰つて、並びに

とある。吉原では、客の方から遊女屋に出かけ、深川では、芸者や遊女を料理屋によぶというのである。

「楼上作成（セハヤク）の者」は、妓楼、料理屋などの遊所において、客のあしらいなど諸々の準備にたずさわり、遊びの場をマネージメントするという意味である。単なる使用人という意味ではない。吉原では、その役を果たすのは、妓夫（ぎふ）（牛太郎）もしくは、若い者とよばれた男性であった。下男などといったイメージとも異なる。かる子は、本来、雇われて荷物を軽籠で運搬する人をさす言葉である。下働きといったイメージとも異なるようだ。現在でもつかわれている表現でいえば仲居という言い方がふさわしいであろう。井原西鶴の俳諧「独吟一日千句」に「向後（きょうこう）は中居に内をたのまれてやることはやる息女也けり」といった句があるが、これは亡くなった妻に代わって家の取り仕切りを仲居が行ったという意味である。『色道大鏡』巻十四「雑女部」には「中居（なかゐ）あがり」の女性に「媒（なかたち）の品」と説明がある。これは主人の身の回りを世話する〈媒介者〉の意味であろうが、かる子は客と遊女の間も取り持った媒だったのである。かる子は、深川の遊びを取り仕切る女性マネージャーといったところである。
雑俳に「鼈甲の天秤棒を軽子さし」とあるが、天秤棒のような、棒状の鼈甲の笄をさした、シンプルだが贅沢な装いをいうのである。また、天秤棒を担ぐように自前の商売をしているというイメージもあろう。「客あまた擔ぐが故に名は軽子」とある。擔ぐは、荷物をかつぐ意と、客扱いの意である。「樽抜けを軽子猪牙からかつぎあげ」という句は、吉原で罰を受け桶伏せをくらい、その樽抜けをしてきた遊び人をチョキ船からおろしたというのであろうが、堅苦しい遊びから逃げた客を引き受けるといった意味もあろう。そして、「口先の軽子座敷を持つて行き」とあるごとく、うまい言葉でかる子は座敷を取り仕切ったのである。

図9は、式亭三馬作『船頭深話』のものである。作品では鎌倉古市場としているが、深川古石場を舞台として、

図9　深川遊里の軽子（式亭三馬『船頭深話』より）　所蔵：著者蔵本

深川遊里の情緒を色濃く細密に描いた作品である。かる子が膳を持ちながら客や遊女に目配りをしていることが知られる。またその目配りの目線が、かる子のほうが上にあることも注意したい。かる子は、上から目線で指図をしているのだ。

男性上位世界である遊里において、深川には、吉原にはない〈女性優位社会〉が構成されていたのではないか。その象徴が「かる子」といっていい。船宿の女房がかかあ天下が常態で家事一切を切り盛りしたり、深川の女性たちが、その社会生活においても男勝りの活躍を見せているのである。深川の料亭の経営者の多くが、以前仲居の女性であったとは、古老から聞いた話だ。深川かる子のプライドは生きていたのだ。

深川のトランスジェンダー

女性の髪結い職人の流行も震源は深川であった。山東京山の『蛛の糸巻』によれば、安永末年、女形の山下金作という役者が、遊女に自分の鬘のように結い上げたところ、それが芸妓・遊女らの間で評判となって、一度に二百文を髪結料とした。これが流行し、金作が髪結いを職業とするようになった。さらに弟子の甚吉が半額百文の値でかる子たちの髪結いを行った。この商売は「百さん」とよばれるほどに流行した。甚吉は女装の男性であり、その弟子たちの多くは女性であった。その弟子の間で女髪結いが独立していき、本来家で自分の手で結っていた髪を専門の髪結いにまかせるようになり、髪結料も、さらにさがって三十二文・二十四文となった。弘化年間には、自分で髪の結える女性がいなくなるといったような状況が生まれた。

この話の流れには、二つのポイントがある。一つは、女形の役者、男性が女性的な振舞いでこの仕事をはじめたこと、そしてそれが、〈かる子〉の間で広まっていったということである。シンプルな髪型は、従来の遊女とは異なり、仕事をする女性にふさわしい、しかも美しい髪型である。山東京山は、「百さん」を変性男子であったと述べる。しかしこれは女性が男子になることで成仏出来るとした仏語の変性（変成）男子ではなく、単純に男子が女性の姿に変わるといった意味である。これは近代的にいうならば、性の越境、積極的トランスジェンダーとでも称すべきであろう。「百さん」は、男性との情事もうわさされたという。性の解放的職業として女髪結いの存在を考えることが出来るであろう。

これは深川という土地柄で生まれた遊里文化の一つの表れである。寛政七年（一七九五）の触れによって、女髪結は禁止される。岡場所が禁圧される時期とそれは重なる。しかし、その取り締まりは実効性が乏しく、職としての女髪結はその存在を増すことになる。

深川の特徴的な装い「羽織芸者」も、芸者たちの男性志向の一端と見ることが出来よう。女髪結も羽織芸者も、がんじがらめになって身動きの取れない江戸時代の女性たちに対する深川の女性の意気をしめす抵抗の表象と受け止めることが出来るであろう。

深川を舞台とした人情本の傑作、為永春水の『春色梅児誉美』初編巻之二の場面だ。駕籠かき人足、雲助が通りかかった娘（本作品の主人公の一人お長）を襲う。それを助けたのは、月影に見ればぞっとするような美人、「素顔の意気な中年増」「洒落た出立の旅姿」の向島、小梅（今はとうきょうスカイツリー駅のすぐそばに小梅通りの名を残す）に住むお由である。お由は自らを次のように述べる。

> 私は小梅の女髪結、お由といはれるおてんばもの（中略）姉御〳〵と立られるが、嬉しいと、いふもちつと自惚、しかし今ぢやア人にも知られ、余りまけたこともねへ、女伊達らのおちやツぴい

お転婆は、積極性のある活発な様子であり、おきゃん（御俠）とほぼ同義語、正義感あふれる女性である。初出を重んじる『日本国語大辞典』では、「お転婆」の例を、宝暦十二

年（一七六二年）の川柳としている。「おちゃっぴい」もほぼ同じ意味である、出しゃばり、はねっかえり、などともいうのであろうが、一八世紀後半、絶対的男性優位の封建的風土の日本社会にあって、女性の社会進出の積極的な姿勢を示す表現であるといっていいだろう。

お由ばかりではない。『春色梅児誉美』の女たちは生き生きしていた。米八は辰巳芸者、深川高橋のうなぎ屋で丹次郎と密会するお蝶は娘義太夫と、いわゆる職業婦人なのだ。彼女らは男に貢ぎ、好いた男を奪い合い、義理と意気地を立て通し〈達引〉の火花を散らしているのだ。男と女の間ばかりではない。筋を通すのは、弱者の女に対しても同様である。深川の水に洗われた強い女は弱い女を守るのだ。

お由は、か弱い娘お長の面倒を見よう、送り届けるばかりではない、お前の身元で不都合があるなら家においてやろう。どんな奴が来ようが、相手をしてやろう。「公儀へ対した不法がなけりゃア、利屈のわかつたけんくわなら、憚ながら尻おしだ」、お上に対して不法が無く理屈の通った喧嘩なら、恐れながら、お前を尻押しして、お助けしようじゃないかと啖呵を切っている。

何とも頼りになる女親分である。そしてその勝気な姿は、既に述べた江戸時代初期の湯女の代表「勝山」とも通底したものがあるのではないだろうか。岡場所世界の周辺に暮らす女性たちのマニッシュな血脈といってもいい。かって、拙考で「若衆趣味主役再考」(注42)と題し、浮世絵ことに枕絵で、若衆に挑む年上女性の積極的性衝動の姿の多いことを強調し、江戸期女性の性生活の一端にふれた。女性優位を過大に評価するつもりはないが、これにも通じるものかもしれない。

次に紹介するのは岡場所の女性たちの反乱エピソードである。これも公儀への理屈を通した話の一つである。

「淫女皮肉論」——隠売女の反乱

安永七年(一七七八)刊の洒落本『淫女皮肉論』は、軍談風とも称すべきか、度重なる吉原側や奉行所からの「ケイドウ」(ケイドウについては、第三章参照)に憤慨した深川の遊女たちが、品川・新宿他四九ヶ所の岡場所を仲間に組み入れ、吉原に攻め入るという話である。登場する人物は細見などで知られるほぼ実在の人物。もとより、まともな話と受け止めることには、躊躇しなければなるまい。軍談風は、酒合戦『水鳥記』などの類書があり、吉原への深川弁護の書というべき安永八年(一七七九)序『竜虎問答』や岡場所の客が、品川を中心に深川・新宿の客を加え吉原に攻め寄せる天明二年（一七八二）刊『通人の寝言』などもあり、よく似たものである。笑止の沙汰、場違いの解釈ともとれようが、岡場所の最盛期は、江戸時代を通じてもっとも多くの農民らが飢餓を抱え、権力者への不満を爆発させ、打ちこわしや一揆といった手段がもっとも多く発生した時期である。岡場所の遊女たちの不満のはけ口がこの作品を生み出していったと、わずかながらでも解釈できないだろうか。埋火のかけらを拾うことが出来そうな気もする。少なくも、吉原と岡場所の比較論の中に、岡場所の〈意地〉を見ることは可能であろう。

深川、中丁のおりせを大将に、土橋のおかうを副将に据えて吉原へ攻め入る相談が始まる。場所は浅草の奥山、頃は水無月。題した章は「深川の密談」である。以下冒頭部分を漢字をあてながら原文の調子を生かしてそのまま引くことにする（中丁りせ＝りせ、めくり好きの佃のちか＝ちか、表櫓ふみ＝ふみ、裏櫓みね＝みね、入船きく＝きく、裾継のその＝その、御薬園のきやう＝きやう、土橋のかう＝かう）。

> 時、水無月末。土橋、中丁、入船、佃、櫓、裾継のうかれめ、奥山の茶屋にあつまる。酒宴しばらくありて、

りせ　仮そめの恩も報じ。僅な仇も報ゆるが。大丈婦と云ふものと、ある物知りの云いなさつたが、そんな利を云ふてはねひが、遺恨に思ふは只よし原

ちか　買女街も多ひ中、此深川に目串たて、つかまつて、踏みのめされ、あざのつくほど打すへられ

ふみ　くるわへ引れ大門で、五丁まちへ、わりわたされ、あづかり屋の憂きすまひ、買女〳〵といやしめて、猿を見るやうにするとやら

みね　それにつけても思ひだす。わつちがあねのお百さん。四年以前に虜て、岡本とやらへ突出して、馴も習ぬ道中させ、あれが買女かあのざまはと、中の丁中で笑ものになりなさッたといふくやしさ

きく　そのくせ吉原の形をみな。ヤッぱりみゝずくの覆衣さ

（中略）

その　聞ば聞くほど腹の立、こふしていたら吾らをも絡めに来やうも知れやせぬ。こふ云ふ内も油断がならねひ

きやう　やみ〳〵と（むざむざと）手を空て（何もせず）、まだの虜を待つよりも。こッちから押し寄せて。日来の無念を晴らしたら、これ迄の恥もふか川の、流にか

かう

さねて、洗らふも同ぜん

お前方の云ひなるも、尤でもあらふけれどこんな思ひ付は、一揆とやら、にッきとやらいッて、云はゞ軍も同じ事、敵を謀り、味方を弁へ、こッちの利方が一倍ならねば必ず負るものとやら

先吉原の地の利を云わば、どぶでこそあれ四方の惣堀、惣塀きびしく廓を囲ッて、大門と云ふ関をすへ、猥に女の通路をゆるさず。五丁おの〳〵門〻かためて河岸〳〵には木戸を打、彼大門のかた影には小妓禿を伏おいて、天下無双の武士をも、もの〻数とも思わずに、髪を切ッたり曳行たり、窺も見だすも〆りのいゝ、一ツ方口の要害だけ。夫にこッちの無要害、前と後ろに川はあれど、かへッて敵の通路となり、陸を防がば舟より寄し、舟と陸とを防がんには、当足ぬ、味方の小勢……(中略)

吉原勢を指おれば、都合二千四百人、こッちは漸〻六七百、指に折る〻人〻は、四年以前に囚となられ、残り少なきその中に、分けて亭主や親ある人は、心ひかれて身をいとひ、思切ッての働は、吾を初めなるまひし……

(中略)。

> 何から何をくらべても、みんなあつちが十割増し、戦わぬその先に、味方の負は知れたこと、もし此事が吉原へもれ聞こへたら身の大事、危を知る者は、深ひ淵にはのぞかぬ喩へ、外分の遺恨のと、素人らしひ野暮ぜりふは、ずつと流すが当世だらふと、まァわつちらは思ひやす

大将の中丁の「りせ」の言葉から始まる。（主人には）恩義も感じて行動してきたが、利〈頑くなな気持ち〉でいうのではないが、恨みのあるのは吉原の連中だ。賭博好きの「ちか」が応じる。買女街に「おかばしょ」とあるルビは、原本のままである。「目串たて」はねらいを定めての意味。「ケイドウ」の暴力的行為が細かに述べられている。

次は「ふみ」が、「あづかり屋」といったところに、一時閉じ込められるといったことを述べる。「ケイドウ」によって、吉原へと送られた遊女は、入札形式でそれぞれの遊女屋に送り込まれたのである（71頁参照）。売女という表記はしばしば見ることが出来るが、「買女」の表記は少ないのではないか。現在、「売春」という表記には客の側の一方的価値観が示されているとして、新しく「買売春」といった表現が取られることが多いが、ここで「買女」としたのは、筆者の姿勢がいささか反映されているのかもしれない。「猿」は湯女など

の私娼への蔑称でもある。次に話題になるのは、深川の遊女が吉原で、深川ではやったこともないような太夫道中にかりだされて、嘲笑を浴びたという話である。深川の遊女が、高位の遊女（花魁）にまでなり吉原で人気を博するというのは、しばしば洒落本には登場する話だ。「みゝずくの覆衣」は、野卑で不格好な女性が、打掛けを着ているさまをさげすんだ表現。覆衣（かいどり）は、吉原の遊女の打掛「搔い取り」のこと。

勢い込んで、むざむざと手をこまねいているよりもこっちから吉原に攻めていこうという者たちをなだめる、「土橋のかう」の発言は、さすが副大将といった冷静さがある。「一揆とやら、にツきとやらいツて」という表現、「にッき」は、芝居の伊達騒動物で知られる「仁木弾正」などを思い起こすべきかもしれないが、言葉の拍子付けといったものであろう。もちろん、この深川から吉原への攻撃を〈一揆〉などと同じようにとらえることが戯作の面白さをゆがんだものとするのを百も承知でいえば、当時、江戸時代でも最も頻繁に起こっている一揆のことが、作者の脳裏に浮かんでいたのではないかと思われてならない。洒落本の評判記『花折紙』は本書を評して、〈「をんなに一揆をくはだてさするとは承知しねへ」、近松が始めた狂言芝居以来今まで見たこともないことだ〉などと記している。

遊女一揆の結末

吉原の地形的防備体制の解釈も興味が引かれよう。大門の前での新造の遊女たちの武士の客に対する武士を武士とも思わぬ仕置きの様も、よく知られたものであったのであろう。吉原の二〇〇〇に対して、深川は六～七〇〇といった人数把握も現実であろう。「ケイドウ」（本書第三章参照）による深川方の人数の減少にもふれている。親との関係も深い深川の遊女（芸者も含めて）たちの身の上も、吉原で遊女が親との関係をほぼ絶縁状態（形式的養女として雇用）にさせられていることの比較を考えさせるものである。深川の遊女の墓として、洲崎遊女合葬墓（昭和六年建立　一九三一）などが存在するが、管見のおよぶ限りでは、吉原、浄閑寺のような形での江戸時代の無縁墓や過去帳の存在を知らない。深川の遊女・芸妓には戻るべき場所（家）があったのではないかとも想像される。人情本『春色辰巳園』初篇において、強欲な母親と主人公仇吉のやり取りがあり、「穢れし行ひさせるたぐひは、大略母親の所為なりけり」などとあって、深川の遊女もしくは芸者との親子関係を見ることが出来るが、ここでの「分けて亭主や親ある人は、心ひかれて身をいとひ、思切ッての働は、吾を初めなるまひし」といった躊躇にも、深川の遊女・芸者が置かれた立場が素直に表現されていると考えることが出来る。また、自分たちの立場を考えれば、そんな危険なことに身をおいたり、遺恨をもっても無駄なこと、「ずつと流すが当世だらふ」といった本音も語られている。

実は、この「おかう」の言葉も、皆の結束を固めるための虚言であり、深川の遊女たちはそろって血書をしたため、品川、新宿らの遊女仲間をつのり、吉原に向かう。

> 衣紋(えもん)坂より大門迄は、三行(ぎやう)に行列なし、真中(まんなか)は品川勢(ぜひ)、右は新宿(しんじゅく)、左は深川、四十九ヶ所の岡場所も、前後左右に付き従ひ、大門を打ちたゝきひらけ〳〵罵(のゝしつ)たり

攻防は続く。吉原方は鉄砲を放し、岡場所側は新宿の遊女が馬の尾に松明(たいまつ)をつけ押し入ろうとするが、吉原は綱を引いて馬を転ばせ狂わせる。吉原側は犬をけしかけ、品川側がぼた餅を投げて犬を手なづけるなどして応戦する。内藤新宿の道を埋めたという馬、また吉原の街路にのさばっていたという犬を話の中に入れ込むなど当世の風俗がうまく入れ込んで戦さが進行する。

話の最終部分を引用する。

岡場所側が一息ついていると、大将のりせの長刀に矢文が飛んで来る。大通十八人からの仲裁の手紙である。

岡場所の気持ちはわかるが、「日陰の岡場所、日向の吉原を攻むる、まず以て利にあたらず」、これは横暴の振る舞いというもの、吉原には智勇に優れた女もいるから、この辺で手打ちにして、〈花合戦〉、花札で勝負を付けようというのである。

この仲裁案に、「品川のあきしの」は、大通とは何のことだ、それは、五、六年前のことだ、通人の中にはまだ部屋住もいて、裏店にいるものもある。「わつちらあ、その通がきつひ嫌いさ、いけもせぬ此あつかひ、かまひなさるな、よしなんし」と仲裁を拒否する。「通人」を嫌うというのも、品川の遊女の本音であろう。

しかし、矢文の文言には腹が立つが、味方も大勢馬に踏まれ、煮え油を食らわせられ、「この上怪我があッてもつまらず、此のあつかひを幸い」に手を引くことになり、一件落着という話である。

戯作としての出来もさほどのことはない。結末も拙劣といった感じもする。しかし、このような公儀の取り締まり〈ケイドウ〉を機に岡場所全体の敵愾心ともいうべき感情を事件とし、作品として仕立てているのだ。時代相を知る上では格好の作品といえよう。

本書『淫女皮肉論』の成立は、安永七年（一七七八）だ。寛政の改革前夜という状況である。岡場所全体が、寛政の改革で追い込まれる直前である。その改革が尻つぼみになり、次の文化文政の時代には、岡場所は江戸の遊里社会の先端文化の担い手として活況をみせる。しかしそれも束の間、天保の改革でものの見事に岡場所は一掃される。その天保の改革も、為政者水野忠邦がその座を追い立てられると、深川はその姿をうまみに変化させながら不死鳥のように復活する。深川は、柳橋に芸妓中心の町として活況を見せたのである。岡場所の新たな変容である。深川で培われた粋な文化は、芸妓一五〇名にも達し、柳橋に継承された。そして明治期には赤坂・新橋と並称され、江戸っ子の残香を受け継ぐことになるのである（注43）。

天保の改革

改革以前より「売女に紛敷致し方、不慎の至り不埒の事に候」などといった趣旨に基づく禁令はしばしば繰り返されてきた。しかし、それがなぜ不徹底であったのか、『徳川実紀』正徳四年（一七一四）八月の記事にその理由を見ることが出来る。

深川永代寺門前の茶肆、禁にそむきて私窩を設しは、寺にもとがめあるべけれど、寺より兼ていましめ置しかど、したがはざるよし、さきに奉行所へ訴へ出しをもて、こたびはとがめられず、よりていまより後、いよ〳〵厳禁すべし

とある。深川の茶店が寺よりとがめを受けながらも（おそらく寺からも厳しいとがめを行わなかったのであろう）深川永代寺門前は、一種の法外地域（アジール）的要素を抱えもっていたのである。しかし、天保十三年（一八四二）三月十八日の町触れにぶれはなかった。それは具体的に遊女屋を規制する厳しいものであった。天保の改革による隠売女一掃作戦である。

町触れは、料理茶屋や水茶屋の酌取り女や茶汲み女などが、長年、風紀を乱していると述べた後、今後〈新吉原のほか、深川永代寺門前町などで買売春を行うことは、この度の風俗改革に照らしても厳禁である、それらの場所（岡場所）を「速（すみやか）に残らず取り払い」、商売替えをして、八月いっぱいですべて撤去せよ、ただし、これまで隠売女並みの営業をしてきたものには、特別の赦し「相対」を与える〉として、各地の岡場所の料理茶屋、水茶屋の売女を住み替えさせ、〈遊女屋渡世之者で希望者には、「吉原町人別」に加えて商売を

認める〉〈この禁令の効力は地主が武士であろうと寺社であろうと永代に召し上げである〉と厳命が下った（注44）。

大きなターゲットは、深川・本所であった。町はこれによって、大きな打撃を受ける。いままでもケイドウによって吉原に多くの遊女が送り込まれたのだが、この時は経営者遊女屋そのものが吉原に編入されたのである。「新吉原五町図面」（天保十三年十一月）、「新吉遊女屋名前書上」などの図面には、深川門前町の万年屋が、新吉原に移転されていることが示されている。おそらくこれは、深川への衝撃の象徴である。また、吉原の京町二丁目の長屋（局　遊女屋）には、本所から二六店・深川から七店・赤坂から一五店・三田から九店・麻布から三店・根津から九店・音羽から二店・その他三店・不明三店と、計七七軒の店が移転している。これは京町二丁目の見世二六四店の三割近くが各岡場所から移されたことになる。場所は京町二丁目の河岸の部分である。吉原で下級の見世が多かったところでは、岡場所の女性たちが抱え込まれ、吉原内部に新旧の遊女屋同士の対立状況を生んだのである。

幕末、文久二年（一八六二）以降深川では、仮宅が常設的な存在となった（その仮宅の営業者は先に深川から吉原に移されて見世を開かされた者たちである）。天保の改革から、約二〇

年後深川は息を吹き返したのである。このような状況を吉田伸之氏は、

このような事態は、岡場所と親和的な江戸市中の民衆世界による圧倒的な〝支持〟によってもたらされたといえるのではなかろうか。都市民衆の分厚い〝需要〟は、こうして、遊女たちの悲惨さとは全く別の次元において、幕府の都市支配にとって枢要の位置を占めた新吉原による遊所の独占を崩壊せしめるに至ったのである（注2「新吉原と仮宅」所収）。

と指摘している。

指摘のごとく、幕末、岡場所に対する圧倒的支持が江戸の民衆にあったともいえよう。さらにくわしくいえば、岡場所を支えたのは、庶民の貧困と急激な経済構造の変化、権力を笠に着た武士たちの倫理道徳の崩壊、そしてさらに地代賃料として遊里から利益を得ていた寺社の位置と大衆の合意であったともいえよう。第十章では、幕末、巷にあふれたという夜鷹にふれる中で、このことをもう少し私なりに考えてみたい。

第七章 遊里品川

行楽地品川宿

まずは、歌川広重「東海道五拾三次之内　品川・日之出」図（図10）に従って説明しよう。

日本橋を発って約二里、ようやく品川で日の出を迎えた景である。八ツ山を西に見て、東、江戸湾に帆船が浮かぶ、高輪を通って、水茶屋が並ぶ街道筋、大名行列の最後尾が、茶屋の前を通っている。

画面の坂道に注目。茶屋に続くのは、旅籠屋である。ここに遊女飯盛女がいた。建物、街道から見ると二階建てだが、海から見ると三階建てだった（絵の真ん中茶屋の上に手すりのようなものが見えるがこれが三階のテラス部分であろう）。街道の玄関口は二階、一階は穴倉などともよばれた。急な坂道の切通しのようなところに宿場が出来たのである。

御殿山から八ツ山の橋を渡って旧東海道。現在の京浜

図10　品川宿（歌川広重「東海道五拾三次之内　品川・日之出」）所蔵：国立国会図書館

急行の北品川駅周辺だ。ここは北品川でも、歩行新宿（かちしんしゅく）とよばれたところである。北品川の入り口、駕籠も右手に並んでいる。差し詰めタクシー乗り場といったところである。

谷（や）ツ山へ四ツ手の揃ふ七つ過ぎ
品川は御殿の下に長局（ながつぼね）

八ツ山、御殿山は品川の名所である。七つ下がりなどともいうが、夕暮れ時勤めを終え四つ手の早駕籠で品川の局見世に向かう客たちの姿が浮かぶ。

街道をさらに下って川（品川、目黒川の下流）にかかる橋（中の橋、行合橋とも）を渡ると南品川、いわゆる川向こうである。大きく分けると二区分であるが、北品川はさらに八ツ山下の入り口の歩行新宿（かちしんしゅく）と本陣のある品川本宿に分かれる。

磯部鎮雄の労作『江戸岡場所図誌』下巻には、一一センチ幅で約一メートルの細長い品川宿の「品川三宿町並明細図」が附載されている。これによれば、入り口の歩行新宿三丁目に飯売旅籠が両側に軒をならべ、北新宿一丁目から三丁目にかけては平旅籠と飯盛旅籠が散在し、川を越え、南品川一丁目になるとまた飯売旅籠が妙国寺の手前まで続いている。

『色里順礼』は、北と南の二区分で飯盛女を紹介し、北側は、「十八番　南国山海側てら本尊　身受　正観世音　羽織着て何時来なんすと抱きつかれ　嬉しな川の朝帰りかな　開帳　銀拾匁弐朱　同二里」とあり、南は、「十九番　同所南の院　本尊　嫌な客に愛染明王長年の辛抱品川憂きつとめ　冷酒飲んで辛さ忘するゝ　御初穂四百文　同二里余」とある。北は、銀十匁二分、南は四百文であるから、川を隔てて、大きな違いがある。距離は日本橋からの里数。

雑俳には、「品川の橋を越すのはしわい客」などとある。川向こうの南品川は、客も遊女も一段品格が落ちた場所であった。とはいえ、品川を全体でみるとここは、東海道第一番の宿場である。宿場であることに違いはないが、品川は、流通人口の消費を第一にあてにする宿場町というわけではなかった。品川は、宿場というよりも、御殿山の桜、八ツ山の紅葉など江戸の代表的行楽地の一つとして数えられた。旅立ちの者を送りだしたり、あるいは旅帰りの客を迎えたりといった歓迎会や歓送会の場でもあった。長い旅を束の間の宿泊で心をなぐさめる雰囲気とは異なったものだ。

北の吉原南の品川

品川は北の吉原とくらべ称され発展した。『北国南国よそをひくらべ』（天保頃）などや、この二つに深川を加えた天明期洒落本『古契三娼』などの優劣論はこれを物語る。

吉原に追随するのが、品川の位置取りである。天明期の『遊里の花』は、役者番付に遊里をたとえたものだが、品川に「立役之部　惣巻軸　極上上吉」の位置を与えている。また、前記のごとく洒落本『婦美車』は、北品川を「上品中」（南品川は「下品上」）として、吉原の次の位置を与え、〈ほぼ吉原と同様であるが、外八文字は吉原におよばない、吉原では一人寝させることはないが、品川は一人寝させる。茶屋の亭主を御亭様とよばない、人柄も吉原に次ぐものだ。言葉遣いも吉原のアリンス言葉とほとんど変わりない。品川の入り口の八ツ山に、吉原のような大門を建てたいものだ〉などと述べている。

吉原・品川・深川は、江戸の三大遊里である。遊客たちは、北（吉原）へ行こうか、南（品川）へ行こうか、それとも大川を渡って巽（深川）へ行こうかと迷った。吉原を公娼地とよび、品川を準公娼地という。

品川を語る時の、必携の書である『品川遊郭史考』（注45）は、勿論品川も娼家は、旅籠屋で有り娼婦は食売女であったのだから、純然たる意味に於て公娼でなく私娼で無ければならないのだが、食売女とは駅次の娼婦の別名のやうになっていた隠し切れない事実は、幕府も之を準公娼と見なければならなかったし、ことに當時の品川の繁昌は吉原にも劣らぬ殷賑を極めたので、幕府が慶長より文久に亘る約二百五十年間、総ての岡場所（私娼地域）の絶滅を期したに拘らず、品川は内藤新宿、千住、板橋と共に全く除外されていた

と記し、品川を紹介する際のはじめの言としている。

もとより、三業組合という経営者側からの記述であることを前提としなければならないが、ここには、「私娼で無ければならないのだが」といった私娼待遇への不満があり、「駅次の娼婦」とは異なる自尊意識のあったことを十分にうかがうことが出来る。そして、さらに品川が他の宿場の遊女たちとは異なった性格を有していることを述べる。

斯くして品川の食売女、土臭い土娼級のものは自然と淘汰されて、艶麗阿娜とはいかなくとも、兎も角垢抜けした女が揃って交々嬌姿を競ふやうになり、中には子飼

> から育てゝ歌舞音曲は更なり、茶湯生花に一通りの教養を授けられ、高尚な座席に侍しても羞かしくない様に仕込まれた優物も寡くなかったから、其れに連れて可なり上流の客筋が盛んに入込んで来て、旗元といはず諸侯の家中といはず相当の身分ある歴々が、品川沖の網打とか、川崎辺の遠乗りとかに託つけては、一夕の歓楽を求めに来た者は珍らしくなく、諸侯の留守居役や勘定方なぞの中には、旅籠屋や引手茶屋（送り茶屋と称さる）を外交の倶楽部にして入浸って居たものも尠くなかつた

と記している。

品川は、吉原ほどではないものの、遊女は教養もそれなりにあり、吉原に対抗出来得るような遊里であったというのである。その客が相当の身分の有る者であったとも強調されている。

同書、所引の『新作　北国南国よそおひくらべ』は、吉原自慢に品川自慢が、一六項目で答えたもの。その一部を参考に吉原と比較しながら品川について記す。

吉原がお歯黒溝で囲まれ、奉行所の管轄だと自慢すれば、品川は海の向こうに安房上総が見える、吉原、花見が名物だといえば、品川は近くに御殿山の花があるといい、吉原で

は千両が動くといえば、品川では、一〇〇〇艘の船が入って来る、どんなに多くの人が来ても吉原は迎えますといえば、品川は、川（多摩川）が通行出来なければ、大名行列の人が泊り続けても困りはしないといい、吉原の八朔の行事で白い衣装を身に着けるといえば、品川では、二十六夜の月待ちではなやかに遊べると述べ、吉原では、周りの田んぼで唄う田植えうたが聞こえるといえば、品川では二階座敷から馬子唄が聞こえるといい、吉原で玉菊燈籠の供養や吉原俄で人が出るといえば、品川では潮干狩りに殿様も遊びに来るという。吉原に浅草の観音様がついているといえば、品川には大師様（常行寺あるいは川崎大師か……）がついているといい、吉原はどんな人も大門で駕籠をおりてやって来るといえば、品川では、大名籠が、店に横付けする、吉原は日本一の廓なら、品川は　日本一の江戸の入り口であるという。

弾正日待

品川が、準公娼地域とよばれ得るようになったのは、享保三年（一七一八）以降である。それ以前にも留女とよばれる遊女たちが宿場に散在していた。万治年間（一六五〇～六〇）刊の『東海道名所記』には、

品川の宿には遊女おほし、旅人のとをるとき、手あらひける女のはしり
出て、まねきとむるをみて、男かくぞよみける

旅人の過（すぐ）るをとめてうちまねく手のしな川ぞぬれてみえける

などとあるのは、留女の古い例である。

品川の遊女は、東海道のにぎわいとともに増加していった。この遊女たちは、公認されない隠売女である。田中丘隅（たなかきゅうぐ）の『民間省要（みんかんせいよう）』（享保六年序　一七二一）には、飯盛女などという言い方は「むさき名」であり、遊女と称すべきである。「遊女の類を御停止に付、御吟味あつて」飯盛女という名称を使い始めたと説明している。

吟味というのは、享保三年（一七一八）に南北の品川の旅籠屋に一軒二名の飯盛女を置くことを許し、さらに同歩行新宿には一名の飯盛女を置くことを許可したことをさす。この時に品川は三地区によって構成されることも認められた。

しかし、この処置は現況に符合するものではなかった。一五〇家にもおよぶ参勤交代の大名行列の負担〈公用賦課〉を宿場がまかないきれない、遊女を置いて利益を得るのは必

要不可欠であると地元から不満が出た。また、既にこの時には、吉原に匹敵するような豪奢な私娼がはびこっていたのだ。品川の宿場の人たちは、再三にわたって遊女の増員を求めた。公娼の増大要求である。

この運動の最中に、遊里は大きな弾圧を受けた。寛保二年（一七四二）に起きた私娼取り締まり〈品川大ケイドウ〉である。闕所処分旅籠一〇数軒、捕らえられた遊女は六三人、彼女たちはすべて吉原に送られ奴女郎として下げ渡された。この騒動の時には、慌てふためいたある遊女屋では長持ちの中に遊女を四人かくし、二人が死亡、残る二人も半死半生であったという。

この事件後の品川宿の業者の奉行所への遊女増員嘆願は凄まじいものであったようだ。そしてついに、明和元年（一七六五）八月七日に、飯盛女の増員が認められた。大旅籠九軒、中旅籠六六軒、小旅籠一八軒に対し、品川宿全体で五〇〇名の飯盛女が公認されたのである。

この認可を行ったのが、道中奉行で勘定奉行も兼ねていた安藤弾正少弼惟要・郡代伊奈備前守忠宥・勘定組頭江坂孫三郎正恭であった。また、認可の日が、八月七日であったので、この日を、品川（千住・板橋もこの時一五〇人の増員が認められた。この時内藤新宿は廃駅であり明和九年再興後に一五〇人が認められた）では、「弾正日待」として、床の間に安藤の姿と名前を記した掛物をかけ、この時の証文をかざり、酒や魚・赤飯を供えた。遊女屋の主人たちを中心に宿場繁栄の中興の祖として「安藤弾正」をあがめたのである。この行事は千住でも行われ、品川では明治初年まで続けられたそうだ。

天保十五年（一八四四）の正月、折からの水野忠邦の天保の改革のあおりを受け、飯盛女が一斉に検挙された。その日には、三九〇人もの道先案内の役人を関東取締役が引き連れ、旅籠屋九四軒の飯盛女総数一三五八人が捕らえられた。これは規定の五〇〇人をはるかに超えていたのである。この日見物人も群衆し、その最中に雷雨が生じたそうだ。住民はお上の天罰だなどと噂した。品川ではこの日のことを〈天保の御難〉とよぶ。

この後一時的に衰微するが、水野が失脚の後には、この禁令も緩み復活し、幕末黒船来航の折には、お台場建設の工事従事者たちによって繁昌した。

品川の客

品川の客層について、『婦美車』は、後半部で次のごとく記している。以下の会話がある。大和は案内人の名前。

侍　ハテ高輪の内には大分いい寺があるで、とかく品川の客は坊主が多いそふだてな
大和　ハイなる程坊主が五分武家方が三分町人の二分ほかござりませぬ

などとある。

雑俳には、「しながわの客ににんべんのあるとなし」とある。品川の客には、侍のごとく人偏のあるものと、人偏のない寺が多いというのである。侍に関しては、「品川の客の国分が本のこと」とあるごとく、品川の侍客では薩摩名物の国分産の煙草をすう薩摩藩士が多くいたのである。また、品川、高輪の周辺には、増上寺をはじめ多くの寺も散在していた。「死んだ金いかして遣ふ品の客」などと、葬式のお布施を遊び金に使う僧侶も多いといった句もある。

品川には、大きな妓楼があったが、その中でよく知られたものとして、寛政期から続いたという、通称土蔵相模、北品川一丁目の相模屋がある。この土蔵相模の模型が、品川区立品川歴史館にある。表玄関、さらに内部の奥庭、土蔵、裏手からの光景も正確に模されたものである。街道に面した壁面で、黒地に白の斜め格子の漆喰なまこ壁であった。

アメリカのフリーア美術館所蔵で歌麿筆「品川の月」に描かれる土蔵が、土蔵相模のものかどうかは確定出来ないが、ここで描かれている大広間は、「見通しの間」とよばれた宴会用の広間である。仕切りのふすまを取り払うと四〇畳の広間になったという。海を見通す実に爽快な景色が広がっていたのである。薩摩や長州の幕末の志士たちも品川を闊歩した。安永二年（一七七三）刊の『御伽草』には、

「ゆふべ品川へいたが、品川はまたかくべつ喰ひものがよいワイ、マア汁が小み入れに青み、なますがいけ盛、平がのっぺい」「ム……そして向ふは」「ナンダ向ふとは」「ムフ、知っているのサ、安房上総ダ」

といった笑い話もある。向付はお膳の中央より向こう側につける料理のこと。それを向こうの景色と誤った笑い話である。品川の魅力は料理であった。

後のこととなるが、大正十二年（一九二三）関東大震災で吉原が全焼した際、ほとんど被害のなかった品川遊郭は、その肩代わりをするごとく、客が殺到したという。その数、同十一年まで年間三三万人であったのが、十三年には、五三万人を超えたという。

品川散策

品川は落語「品川心中」や「居残り左平次」の舞台である。それらをもとに、傑作映画『幕末太陽伝』（川島雄三監督、一九五七年）も作られている。京浜急行北品川駅で下車して、旧街道を進むと、品川不動（一心寺）の石の門柱がある。ここには「貸座敷中」と記されている。貸座敷は、明治五年（一八七二）の芸娼妓解放令の発布以降、名を変えた遊郭である。この碑は、貸座敷経営者の成田山講中が寄進したもの。この辺り一帯は品川でも最も妓楼の多かったところである。街道筋の史蹟もよく整備され、六月初めの品川神社例大祭には、おいらん道中のイベントが行われたこともある。

目黒川にかかる境橋（品川橋）を渡って南品川、街道をはずれて今の第一京浜国道の脇にあるのが妙蓮寺。丸橋忠弥の墓と伝えられる墓の奥に、伝薄雲太夫の墓がある。

国道を渡って、海蔵寺は品川の投込み寺として知られた時宗の寺である。入り口近くには、慶応元年の品川惣町建立の無縁塔があり、宿場の湯屋、旅籠屋などの主人たちの名が挙がっている。『品川区史』所収の「品川宿並図」とともに、宿場資料として貴重なものであろう。もちろん、土蔵相模の名前も中央にある。

墓所の一番奥まったところにあるのが、品川区の指定史跡、海蔵寺無縁塔群である。『新編武蔵風土記稿』巻三（文化七〜文化十一年成）によれば、「非人頭松右衛門願によりて、元禄年中より刑人の首をここに埋む。郷人頭痛を患うとき、この塚に祈れば霊験あり、仍って塚の名とす」とある。品川にあった牢内で亡くなった人々の遺骨を集め、宝永五年（一七〇八）に築かれたものである。昭和五十三年（一九七八）の墓所改築の折に配られた由来書には、元禄四年（一六九一）から明和九年（一七七二）まで、その数七万余と伝えられると記されているが、いま合葬されているものの年代で、古いものでは寛文十三年（一六七三）の墓碑がある。その後、無縁の飯盛女たち、天保の大飢饉の二百十五人塚、慶応元年の津波溺死者、大正四年の京浜鉄道の轢死者、さらに関東大震災供養塔が合葬されている。

本堂には貸座敷「大井楼」の主、今井増五郎とその妻こまが寄進した大位牌がある。明治九年（一八七六）より、明治四十年（一九〇七）までの娼妓の名前が刻まれている。位牌右上には「品川娼妓之霊　自明治九至明治四十年」とあり、表には、二二六名の名前がある。品川関連の史跡案内書、四〇〇名とあるが、裏面にも名前があるかどうか確認できなかった。表面の娼妓名は七段に分けて書かれ、最上段は名前のみ、第二段からは姓名を記している。大井楼の名前は『品川遊郭史考』によれば、明治十年から二十年頃までの貸座敷を列挙したものにはなく、大正年間の貸座敷を列挙したもの三二軒の歩行新宿の部に「大

井楼　今井こま」とある。

品川宿のはずれ、昭和の頃に生活排水の環境汚染で濁りきった立会川にかかるのが浜川橋、別名泪（なみだ）橋である。京浜急行で立会川駅を過ぎて間もなく、注意深く見れば、車窓からこの橋を一瞬見ることができる。この橋を渡れば、鈴ヶ森の刑場まで一〇分はかからない。罪人と縁者の別れの場所であることで、泪橋とよばれたそうだが、遊女たちの涙も立合川に流れていたに違いない。北の刑場近くの遊里小塚原の手前にも同じ名の泪橋がある。江戸への入り口、刑場と遊里とは隣り合わせであった。江戸は、無縁仏と泪橋に挟まれて発展してきた町である。

第八章

北関東の玄関千住

千住の人口

千住大橋　荒川の流れに架す。奥州海道の咽喉なり。橋上の人馬は絡繹として間断なし。橋の北一、二町を経て駅舎あり。この橋は、その始め文禄三年甲午九月、伊奈備前守奉行として普請ありしより、今に連綿たり（「江戸名所図会」図11解説本文）。

千住の宿の、ランドマークは、千住大橋である。架橋を申し出たのは、伊達政宗であったといわれている（奉行を務めたのは伊奈氏）。政宗一行が、荒川を船で渡るには、一日がかりであった。これではいち早く入府した家康のもとに参ずることが出来ない。まして増水して川止めになれば何日も遅れる。そこで家康に申し出て、政宗は自費でこの橋を架けたという。文禄三年

所蔵：著者蔵本

（一五九四）のことだ。家康の方針としては、江戸防衛のため橋を架けないというのが基本政策である。これは例外というべき処置である。

千住大橋をはさんで、北を北千住とよぶ（図11の右側）。こちらに本陣があったので、千住本宿とよぶのは、北千住側である。この本宿の五町と荒川提外の掃部宿三宿と、さらに万治元年、南側の小塚原町と中村町をくわえて千住宿と総称した。小塚原と中村町は、千住新宿とよんだ。また橋手前は小塚原。遊客の間でコツなどと称した。近くの刑場に散乱する「骨」によったともいう。

北の本宿と南の小塚原は、対抗意識が強く、大橋をはさんで大綱を引き合い、しばしば喧嘩沙汰にもなった。

千住は、上野方面からの日光街道と浅草方面からくる奥州街道を合わせ、さらに宿の北側では水戸街道に分かれる。江戸四宿の一つとして繁栄した宿場である。天保十四年（一

図11　千住大橋（「江戸名所図会」より）

八四三）の四宿の人口・旅籠数などの数を比較すると、

	本陣	脇本陣	旅籠	家数	人口
品川宿	一	二	九三	五六一	六八九〇
内藤新宿	一	〇	二四	六九八	二三七七
板橋宿	一	三	五四	五七三	二四四八
千住宿	一	一	五五	二三七〇	九九五六

となる。千住は、品川に次ぐ宿であるが、家数および人口は四宿の中で圧倒的な多数であった。その面積も北と南で広がっていたこともあるが、北関東の物資輸送を受け手とする宿場としての機能の大きさを示すものである。

千住の隠売女

千住に隠売女がいたことは、元禄十五年（一七〇二）『書留』にあり、享保五年（一七二〇）には、遊女数二〇〇人、遊女屋七三軒ほどに達している。この数には、小塚原は入っていないようだ。明和元年（一七六四）、千住でも、板橋同様一五〇人が認可された。

　この認可を与えたのが品川でも述べたが、安藤弾正少弼であり、認可の日、八月七日を、品川・板橋とともに、「弾正日待」として感謝祭もどきの行事を行った。

『婦美車』では、「中品下」、ランクは、深川の各所はもとより、品川宿の中でも品格の下がる南品川より下位である。「千住駅　此浄土、髪衣裳は吉原の河岸を真似、たいてい高慢なる処也。しかし人柄はおよばず、尤橋手前ずつと人柄次也」とある。末尾に「尤橋手前ずつと人柄次也」とあるのは、千住大橋の手前にあった、小塚原のことである。前段は、千住の本宿である。吉原の河岸店（吉原の中でも最下層の見世が並ぶところ）を真似て高慢な振る舞いもあるというのだ。人柄もよくない。

『色里順礼』では、二番札所に小塚原、三番に本宿を掲載している。

　二番　浅草山小塚原寺　御身躰　廻しを鳥大明神、名の怖はき小塚原にもしほらしき、花の色達並ぶかげ見世　御初尾四百文　日本橋より一里廿八丁
　三番　棒先山千住寺　本尊　通り一遍上人の像　愛想よき千住女郎衆に袖引かれ、草鞋とく〳〵、泊まる旅人、御初尾五百文　日本橋ヨリ二里

とあって、小塚原の方の遊び代金（御初尾）四百文であるのに対して、本宿の方は、五百文となっている。

最初の頃は本宿の方が栄えたが、元文二年（一七三七）の火災で本宿の大半が焼け、延焼をまぬがれた小塚原の旅籠に客が回り小塚原の方が盛んになった。

図12は、『奥羽一覧道中膝栗毛』の小塚原の挿絵である。「小塚原町この所はたごや飯盛多し、荒川に大橋あり、千住大橋といふ、橋戸町、戸は處の義なり……」とあり、この所に青物市が立ち、うなぎや問屋のことなどが記されている。宿という体裁よりも、近在の青物業者の中継点というべき場所であった。遊客が持っている煙草入れは、千住の名物であ

図12　小塚原（『奥羽一覧道中膝栗毛　初篇巻之下』より）　所蔵：国立国会図書館

る。戯れ唄には、「酒よりもこの飯盛はうき旅のうれひをはらふ玉箒(ははき)そも」などとある。最盛期には、三六軒もの飯盛旅籠があった。

小塚原

「ぎうがぎうをおくる所は小塚原」などといった雑俳があるが、これは吉原の若い者(妓夫(ぎゅう))が、吉原で遊ぶことを禁止され小塚原で遊んで帰りを小塚原の妓夫に送られたというのである。落語「お直し」で吉原の若い者が遊びに行くのも、小塚原である。吉原の若い者は、もらった花(祝儀)をコツで使い果たしたなどといった話もある。先に述べたごとく吉原の河岸女郎とほぼ品格も似たり寄ったりであったがそれでも吉原より気軽に遊べたなどともいう。河竹默阿弥の『三人吉三廓初買』(安政七年)には、「廓(なか)となると気が張つていけねえ、……やつぱり小塚原(こつ)がいいのよ」などといったセリフがある。

浅草方面へ向かっていた男が、夕立にあい、小塚原(刑場)へ迷い、吹く風生臭く、暗闇に人魂も見え、足元には何の骨かおびただしく散乱し、男が足早に行くと、野の犬に取巻かれ、後へも先へも行くことが出来ずにいると向こうにかすかに人家の灯が見える、是をあてに行くと小塚原の売女屋にたどり着いたといった話もある。コツの遊里は刑場の隣である。

千住大橋に渡る手前にあるのが日慶寺。ここには、吉原の遊女小夜衣(さよぎぬ)を供養した小夜衣塚があるが、これも吉原に近い縁によったのであろう。天保六年（一八三五）大乗講中の人々の建立である。

現在の宿跡には、千住宿歴史プチテラスギャラリーなどといったしゃれた建物があり現在は、街道筋も整備されている。不動院には遊女の無縁塔がある。「万延元年九月大塚屋建立」とあり、台座には相模屋など二〇数軒の旅籠屋の名前が刻まれている。病没した遊女供養のために建てたという。その斜め前には、千住の宿で随一といわれた中田屋の楼主横尾家の立派な墓所がある。遊女の無縁塔といわれているものは、小さいものである。

遊女墓と過去帳

北千住駅西口のすぐ近くには、千住の投込み寺とよばれる金蔵寺がある。

本尊は閻魔大王。境内左手に地蔵を挟んで石造の大きな供養塔が二つある。右側の無縁塔は、天保の飢饉の犠牲者のためのもの。天保九年（一八三八）建立。側面に碑文があり、天保八年、この千住の地だけでも八二六人の餓死者があり、ここ金蔵寺に三七〇人を葬っ

たとあり、碑文は続けて、

憐むべし、四海兄弟ならなくてぞ人恋しきものを加ふれば、御世に残れる幸を知らむ。恵の灯をかゝげて、此なき人らが霊を弔ふ。無縁の塔と記し侍れど、繋縁法界の心にも、せめてはかなはざるべきにや

消えて行く露のやどりにあだし名の何忘草何忘草

とある。

隣にある「南無阿弥陀仏」と正面に記された遊女の供養墓にも、この文章はそのまま手向けられよう。台石の四方には、遊女の戒名が所狭しとぎっしり記されている。繁栄の当時三六軒あったという、食売旅籠（遊女屋）の名前、大黒屋・新山本・小林屋・鶴本などが散見する。平旅籠の名はない。大きなところでは大黒屋が有名だ。刻印された名前は一番多く二三名、「花月信女」「紅浄信女」など遊女と思われる名前の他に、〈信士〉などもあるから、妓夫も入っているのであろうか。また「秋夢童女」「春夢童女」などとあるのは、禿か、遊女の子どもたちであろう。次に多いのは、中田屋の一九名である。塔身は明治十

四年（一八八一）に再建されたものであるが、遊女の名前が記されている台座は享保十二年（一七二六）のものである。

田村栄太郎は前掲書（注41）で金蔵寺の過去帳を紹介している。文化九年（一八一二）以降では、

文化十年
冬清信女　十一月十八日　鶴岡屋下女
文化十三年
妙空信女　九月廿五日　中田屋下女
文政二年
妙恵信女　二月廿六日　中田屋下女

などとあり、田村は、「多い年にはたとえば安政五年には、一年間に一六人も死んだ戒名が

見える」と指摘している。下女をそのまま遊女と確定できないが、おそらく遊女働きをした者たちであろう。この年安政五年（一八五八）には、江戸でコレラが大流行し、江戸での埋葬者は、一六万人を超えたと記録されている。このことによるものであろう。ちなみに、吉原浄閑寺の過去帳に遊女の死がもっとも多く記載されているのは、安政期である。安政二年の大地震やコレラによるものであろう。

続けて、田村は、心中七組の例をあげている。例えば、

安政五年
春夢信士　二月晦日
花月信女　大黒屋下女両人相死ス

などとある。また、心中によって両人が死んだということがわかる例もあり、

安政元年
沙門日渓　八月晦日

頓妙信士　中田屋竜助下女両人剣ニテ死ス

などとある。信士を男性と考えるのが普通であろうが、日渓という僧侶との心中であろう。下女とある注記が、信士と符合しない。浄閑寺の過去帳などでは、無理心中と思われる心中には刀を交差させた記号が付されているが、そんな符号はないようだ。

また、

文久三年
遊河清信女　正月七日　竹東屋下女シナコト
覚遊清信士　竹東屋ニテ死ス　愛宕下松平隠岐守家中
春遊清信女　正月七日　三丁目竹東屋下女

などともある。いかなる事情によるものか、同じ日に侍と二人の遊女が心中したのであろうか。

千住は陸路の宿場のみではなく、川越から物資を運ぶ川越夜船の船頭たちの遊び場でもあった。船頭たちが女郎衆のことを歌った千住節も残っている。その歌にある、遊女屋の名が過去帳にも記されている。

千住女郎は錨か綱か　上り下りの船とめる
一に中田屋二に竹の東三に相模屋とどめさす、
明けの鴉は東で泣くが　わしの体は二朱でなく、
千住女郎の年明け見れば　ボロのどてらに二本杖

などと歌う船頭の声が、墓の上から川風に乗って聞こえ、満身創痍の二本杖の遊女が宿を去る姿もうかぶ。

旧街道をさらに行き、路地に入ると、北千住駅開設当時の裏道、駅前通りに、中田屋の跡地がある。屋敷の広さは一〇〇〇坪を超え、士分以上の客のみを取ったという。この妓楼の前には戦前まで、「明治天皇行在所」の看板があったそうだ。反対側の路地が、けんばん横町。千住芸妓の見番のあった辺り、芸者置屋や車屋、髪結い屋が軒を並べていた。大正九年（一九二〇）頃までは湯屋構えの店が一三軒ほどあった。やや衰微していたのが、その後繁盛し、大震災にも類焼を逃れ、昭和十八年（一九四三）頃まで活況を呈していたという。

第九章 岡場所根津盛衰史

遊里根津

深川と一時は比肩するごとき繁栄を見せたのが根津だ。根津は江戸時代までは、深川に次ぐ私娼地域〈岡場所〉であるが、慶応四年（一八六八）幕府陸軍奉行の許可を得て遊郭を再興、明治二年四月から五年を限ってではあるが、公認の遊郭となった。明治以降岡場所から公認の遊郭となった例は多いが、根津はその初めの例である。吉原および四宿に根津を加えて六廓とよばれた時期もある。

元禄末年（一七〇三）頃のことを述べた『吉原徒然草』下巻十八段で、主人公が雨宿りした際の根津の茶屋女の様子を述べ、「女共集り居たるが、手も足もふとく、目つきしたるうして、顔に白粉こと〲敷つけたるを見て、「夫〱にはしたなき茶や者かな、尤も愛するに足れり」と記している。

白粉をぬった甘えた（したるう）眼差しのいささか下品な感じの茶屋女たちが、根津には江戸時代中期から出没していたのであろう。

権現様のおかげ

遊里が一画をなすのは宝永三年（一七〇六）の根津権現の建立とともに、門前町として発展してからである。

根津は、その始まりから権力に寄り添い遊里を繁栄させた。その傾向は、春日局への忖度から、当局の取り締まりが緩やかであったとされる護国寺前の音羽、また八代将軍吉宗の愛顧を受けた氷川神社前の赤坂の遊里などと同様のものだ。

根津権現は、六代将軍徳川家宣の産土神であり、その社地は家宣の父甲府中納言邸の跡地である。宝永五年の隠売女の取り締まり（『書留』参照）にも、根津が含まれている。『徳川実紀』正徳四年（一七一四）九月の末尾に、「根津の社門前の地、兼ての令にたがひ遊女を置しに、常に査検もせず、いとひがごとなり、しかれども、今年はじめての祭祀行はれしことなれば、寛宥もてとがめられず、後来の事怠らず戒むべしと、祀官伊吹左京昌明に仰下さる」とある。この年九月に行われた根津の祭礼は、江戸三大天下祭り（神田・山王と根津）の一つにも数えられ、江戸庶民の喝采を浴びた。それに関連する話の一条である。幕府は、根津の遊女町が禁令に従わず放任状態にあったことを苦々しく思いながらも、祭礼のもとで咎めが行われなかったことを記す。そして、管理責任の神官に対して懲戒処分を下したと記している。

宝暦八年（一七五八）には、世相批判の罪により市中引き回し獄門となった講釈師馬場文耕の筆になる『厳密頃日噂（げんみつけいじつうわさ）』の記述がある。『岡場遊郭考』また『かくれざと』に所引のものである。

これによれば、宝暦の頃、根津の門前町の津の国屋という茶屋の息子が、男色の寵愛を受けて大岡出雲守（大岡忠光、九代徳川家重の側近、言語不明瞭な家重の言葉を唯一理解でき、異例の出世をしたという）に出仕し「根津の茶屋町、今は世間をはばからず、如何様の事をしても、爰元へは怪動（けいどう）は入る事ならずとて」春には、桜を植え、根津権現の前にあることを憚（はばか）って三味線を遠慮していたがそれもなく、「新吉原のごとく致しけるこそ希有の珍事」と批判的言辞をならべ「誠に面白き世の姿なり」と記している。正確にこの作品が馬場文耕作であると断定出来ないようだが、こんな噂が飛び交っていたであろうことは、『徳川実紀』の記事などと合わせても考えられることである。

『書留』の享保五年（一七二〇）の資料では、「根津権現鳥居内七百人」とあり、また「根津宮永町遊女千人程」とある。根津の総門の内側（寺社方支配）と総門より外の宮永町（町方支配）を合わせた一七〇〇人という数は、品川の遊女の数を超している。吉原に匹敵する数の遊女が居たのだ。

享保十六年（一七三一）に根津は、護国寺音羽町・新氷川門前・深川八幡町・本所横堀

鐘撞堂などとともに、「売女御免之場所」の候補地となった。根津は取り締まり規制にもめげずかなりの繁栄を見せたのである。

享保の禁令では、音羽や根津門前町は所払いになったが、宮永町は、総門外にあることでお目こぼしになり、その品格を落とし衰退しながらも継続的に営業を続けた。

延享年間（一七四四〜四七）では、宮永町の五〇人もの遊女がケイドウにあい、吉原に送られている。

『婦美車』では、「中品下」にあり、「此浄土髪衣裳音羽に類せしが、近き頃は人がら衣裳下品也　但評藪下におなじ」とある。藪下は、麻布の下級遊里である。

大工客

天明二年（一七八二）刊『根津見子楼茂』は、根津を題材にした数少ない洒落本である。建前の振舞い酒で上機嫌の大工二人が、材木屋を誘って根津に遊ぶというもので、冒頭部分では、吉原との比較をしながら根岸の様子を述べている。北しうとあるのは、吉原のこと。

〈「将軍家の御成の地とて昔を猥さず牽台影見世、大格子何もかもすこしも北しうにおとらぬ気風〉であり、「(吉原に) 出口の柳あれば楓の番所あり、大門あれば惣門あり、中の町あれば七軒町あり、九郎助稲荷あれば権現の宮立あり……」とある。

職人、ことに近くに棟梁屋敷があり大工が多く住んでいたことから、大工のよく集まる場所として根津は知られていた。

雑俳に、「さしがねを預けて上る根津の客」とある。指金は、直角に曲がった物差しで大工道具。「根津の妓夫作料などと洒落ていひ」、作料は大工の手間賃。「行くと直ぐ邪魔だと渡す根津の客」、道具箱は邪魔になる、預けてから遊ぼうというのだ。「根津の客使ふも三日一分なり」三日で金一分、一両の四分の一が大工の手間賃、二万円強といったところか。「付き合いで左官もまじる大一座」、大工と一緒に左官職人もやって来た。

図13の『色里順礼』には、「七番　惣門山根津寺本尊すかぬ客は振るな尊者、悪じやれをいふて振らるゝ初会客　よつぴて根津にかへる業腹　御初尾百文弐朱同一里十丁」などとある。「よつぴて」は夜どおし、初会客が悪い洒落でもいって振られたのであろう。業腹はしゃくにさわる客の気分。花咲一男紹介（『江戸岡場

図13　根津（『色里三十三所息子順礼』より）
所蔵：筆者

所遊女百姿』三樹書房　平成四年所収）の『色里巡礼』は絵に蓮花を使い「御初尾五百文」とある。

天保の改革で廃絶となる前、天保六年（一八三五）には、大見世の中田屋（松栄楼）では、浮世絵師渓斎英泉（一時根津で遊女屋若竹屋の経営に手を出したこともあった）が描いた草花を絹張にした切子燈籠などを飾り付けていたなどとその豪奢な様子を伝えている。また、中田屋の便所は豪華なもので、天保八年刊の合巻「昼夜帯雪与擂墨」の挿絵にそれが示されている。男用と正面大便所が二つあるなかなか立派なものだ（図14）。中田屋主人の優越感を示したものとも、中田屋の豪壮振りを宣伝したものともいう。

公許根津遊郭

盛衰を繰り返した根津も、天保十二年（一八四一）の

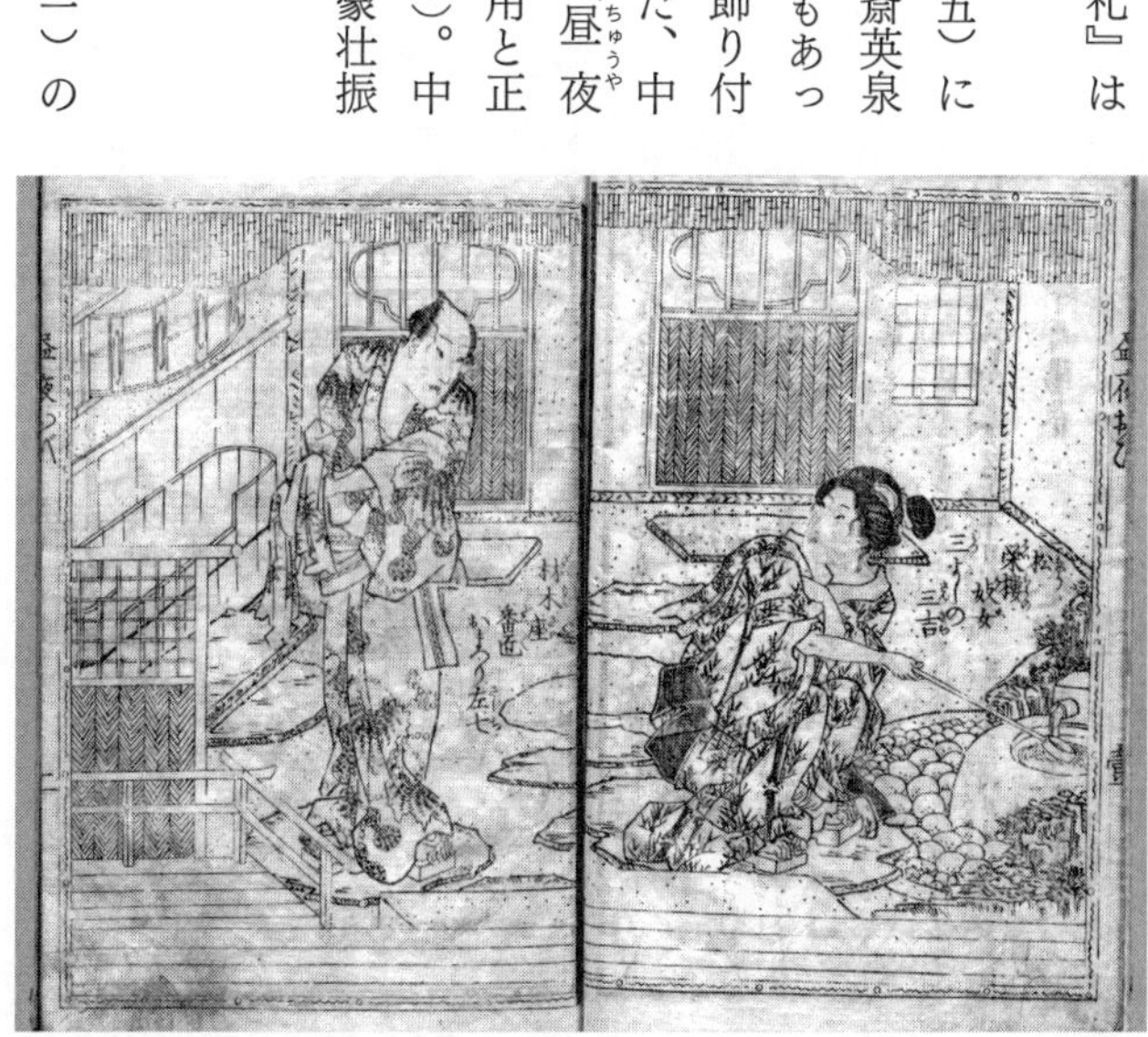

図14　中田屋の便所（『昼夜帯雪与擂墨　4巻』より）　所蔵：国立国会図書館

大火事さらに、翌天保十三年（一八四二）の改革と大きく影響を受け、岡場所の歴史を閉じ、さらに安政二年（一八五五）の大地震で根津一帯の門前町は総つぶれになる。しかし万延元年（一八六〇）九月二十九日の吉原の大火事によって、根津は仮宅となり、一時的に息を吹き返す。しかしそれも翌文久元年（一八六一）には取り払われ空き地同然の状態になった。

この地に注目したのが、将軍侍医また後の大日本帝国初代陸軍医総監となった松本良順であった。良順のことは、司馬遼太郎『胡蝶の夢』で知られる。良順は、梅毒の広がりが〈「下賤のもの百人の中の九十五人は梅毒にかからざるものなし、これそのもと花柳売色に制無き故なり。西洋諸国梅毒を恐れて花街を破却することもあり」、しかしその結果梅毒はさらに広がる、今こそ梅毒病院をもうけて娼妓たちを病院に入れ治療を施こすべきである〉（注46）と述べ、梅毒検査および治療をほどこす病院を、遊女町に敷設すべきであると主張した。根津をその候補地にしたのである。

幕末から明治期への動乱という時代状況もあり、この案は管轄の奉行所からは容易に認められなかった。しかし、慶応四年（一八六八）三月幕府陸軍局松平太郎がこれを認可することとなる。背景には、遊郭設置による冥加金で、財政的に疲弊の極みにあった幕府が一儲けをたくらんだともいわれる。遊女屋は一一軒である。この時、遊郭の門前には、「医学所駆黴病院付町屋敷」と書かれた棒杭が建てられていたという（注47）。根津の岡場所は、梅毒罹患のないことを保証されて公許の根津遊郭となったのである。

同年四月十一日には江戸城が開城され、さらに、上野戦争により、根津八重垣町は焼け野原状態になり、許可された遊女屋も焼け出される。同年九月、明治元年（一八六八）に変わり、新政府鎮守府により翌明治二年五月に以降五年間を限って、根津を公認の遊郭として認めることになる。許可された遊女屋は三〇軒である。

その後、明治三年には、根津八重垣町の両側に桜二〇〇株を植えて吉原にならい、明治四年には、新島原遊郭が取り払われ、二〇軒の遊女屋が根津に移転し、明治九年には、遊女屋は五八軒となり繁昌した。同十二年には、さらに増加し名を変えた貸座敷が九〇軒にふくれ、娼妓数も五七四人となった。しかし、近辺に明治十年（一八七七）東京帝国大学が開設され、風紀上の問題から明治二十年洲崎へ移転命令が下り、翌年より撤去が始まり、遊里根津は消滅することになる。移転が完全に終わったのは、二十三、四年頃という。

根津は、近代教育発展の下で廃止となり、その場所を変え蘇生したのだ。

第十章 夜鷹哀史——岡場所壊滅

残酷お嬢吉三

安政七年（一八六〇）初演の『三人吉三廓初買』。通称『三人吉三』。河竹黙阿弥作の歌舞伎の代表的狂言である。

開幕して最初の場面「稲瀬川庚申の場」、通称「大川端庚申塚の場」である。夜更けのやや暗い舞台、背景は練塀、本所旗本屋敷の裏手の道であろう。塀越しに満開の梅。めでたい正月の舞台だ。

手に茣蓙を持ち、頭には白い手ぬぐいをかぶり、縞模様の着物の若い娘が登場する。夜鷹のおとせだ。おとせは、昨夜客が置き忘れた百両を、何とかその客に返そうと道を歩いている。

花道から美しい娘が現れる。梅の花模様の友禅、黒小袖、だらりと下がった帯。どこから見ても品のいいお嬢さんだ。お嬢さんが、おとせに、道を尋ねる。「梅ケ谷はどっちの方角ですか」と（二〇二一年に歌舞伎座で上演された際には、梅ケ谷ではなく、小梅としている。小梅は、深川の項で取り上げた。何となく小気味のいい地名だ）。おとせは、親切にお嬢さんの道案内をする。道々の会話。

とせ　ア、モシ。どうなされました。
お嬢　今向こうの家の棟を光り物が通りましたわいな
とせ　そりゃおほかた、人魂でござりましょう。
お嬢　アレェ。
とせ　なんの怖い事がございましょう。夜商売をいたしますれば、人魂なぞはたび〳〵ゆえ、怖い事はござりませぬ。たゞ世の中に怖いのは（ト、この時釣鐘の音がする……）人が怖うござります
お嬢　ほんにそうでございますなア
（ト、お嬢さんはおとせの懐から財布を引き抜こうとする）
とせ　ヤ、この金をなんとなされます
（お嬢さんの声の調子は強く居丈高な男の声に変わり……）
お嬢　なんともせぬ。もらうのさ
とせ　エェーそんならお前は
お嬢　どろぼうさ
とせ　エ……。

お嬢　ほんに、人が怖いの

とお嬢はとせの持つ財布をひったくり、二人はもみ合いになる。お嬢さん、実は〈お嬢吉三〉は何の苦も無く、情け容赦なく、大川におとせを突き落とす。〈お嬢吉三〉は、川をのぞきこみ、「ヤレ、可哀そうなことをしたの」といいながら財布から百両を取り出す。

その様子を見ていた男が金を奪おうと摑みかかってくるが、〈お嬢吉三〉はそれをかわし、男の持っていた脇差を奪い帯に差し朧月の空を見上げて、有名な科白を朗々と語る。

お嬢　月は朧に白魚の、篝もかすむ春の空。冷たい風もほろ酔いに、心持ちよくうかうかと、うかれ烏のただ一羽、ねぐらへ帰る川端で、棹の滴が濡れ手で泡、思いがけなく手にいる百両

〈お嬢吉三〉がここでにんまりしていると、上手から「御厄払いましょう　厄落とし〱」と声がかかる。すると〈お嬢吉三〉は、

お嬢　ほんに今夜は節分（としこし）か。西の海より川の中、落ちた夜鷹（圏点筆者）は厄落とし。
豆沢山に一文（いちもん）の、銭と違った金包み。こいつァ春から縁起がいいわえ

とうっとりと科白を吐く。大向こうから掛け声がかかるのもこのタイミングである。

芝居のこの続きが今は問題ではない。

江戸の情緒のめんめんたる世界。〈お嬢吉三〉の見事な変身、やわらかな春の水面は清く流れる大川、白魚漁の篝火が見える。ほろ酔い気分の〈お嬢吉三〉の科白に観客は酔いしれる。縁語を駆使した七五調の響きは実に小気味よく響く。江戸の美しさがここに凝縮している……観客も劇場で感情を同化させているに違いない。

同化した感情の中で、忘れているものがある。冷酷に大川に捨てられたおとせのことである。厄落としの〈物〉にさせられた彼女に人間としての存在はない。怖いものは人間であるといったおとせの感情はここに入る余地などない。

「赤いけだしをさばいた足で娘をポンと川中へ」と歌謡曲（橋幸夫「お嬢吉三」）で唄われ、二〇一九年新富座こども歌舞伎第十二回例大祭公演では、少女の扮する〈お嬢吉三〉は、喝采を浴びながら、夜鷹を川へ蹴落とす。

濃厚な江戸情緒の中で、「夜鷹」は大川に消えたのである。以下は江戸の美的感覚に蹴落とされた夜鷹のことである。架空世界の〈劇〉と結びつけながら考えることは野暮であるに違いない。野暮を承知で見ていくことにする。

苛酷な夜鷹

『日本国語大辞典』は、「夜鷹」について、次のように説明している。「特に、夜間に街頭に出て客を引く低級な売春婦。もとは江戸の語であったが、寛政年間(一七八九～一八〇一)ごろから上方でも用いられた。引っ張り。夜発(やほつ)。辻君。総嫁(そうか)。街娼」とある。夜鷹は江戸における夜発の渾名で、〈京都で辻君、大坂で惣嫁、江戸の夜鷹は吉田町〉などといった俗謡や「京は君嫁は大坂江戸は鷹」などとあるが、正確な使い分けがあるわけではないようだ。下賤卑娼の曖昧な蔑称である。吉田町は江戸本所、夜鷹の巣窟とされる。

街頭で客を引く低級な売春婦の例は早い時代からいわゆる〈散娼〉という形で辻君、などとよばれて存在した。江戸時代に入って、文献的に早いものとしては、京都の風俗を描いた仮名草子、延宝九年(一六八一)刊『都風俗鑑』(内題には「都色欲大全」)(注38)が早い例であろう。『都風俗鑑』は、西鶴の諸作品にも影響を与えた作品である。貞享三年（一六六六）刊行の『好色一代女』巻六「夜発の付け声」には、最下層の売色実態を、年老いて落剥の身となった主人公の嘆声とともに語る一章がある。

『都風俗鑑』巻一には、安傾城狂い、その下の端傾城、さらにその下の遊女の事として、「北向き狂いの事」の一章がある。北向きとは、島原中堂寺町北側の横町にいた最下級の遊女である。

> 抑も此北向きと申は浮世のうんざいの集りなれば、其様なかなか詞には述べがたし。無性に臭そうに思はるゝなり。或は片目、蛇皮面、杓子、出額、畚尻、又は脚の片足短きなんどなり。され共遊女のならひとて、采女、小夜風などゝ名を付けて呼ぶを聞けば、面火が燃ゆるなり

うんざいは、仏語、有財餓鬼の略、食べ残したものを食べる餓鬼の意味。北向きの様子は、言語には述べがたいほどにみじめであり、臭気がひどいような感じがするというのである。容貌についても詳しい。蛇皮面は、皮膚病のために皮膚がはげ落ちて蛇のうろこの

ような肌になっていることをいう。梅毒におかされているのであろう。額とあごが出て中央がくぼんだ顔が柄杓顔であろう。畚は平べったい籠。そのような尻をいうのであろう。差別的、罵倒語が彼女たちに向けられ、それでも遊女であるが故に源氏名でよばれるというのである。何とも恥ずかしい思いがするとも述べている。

江戸の街娼の実態も、おそらく『都風俗鑑』と異なったものではないであろう。夜鷹の始まりとして伝聞されるのは、以下のごとき話である。『江戸真砂六十帖広本』巻之十「本所夜鷹の起りの事」(宝暦頃成立)に、元禄十一年の数寄屋橋から出火した火事で、千住まで焼亡した際、その焼け跡に小屋掛けして、本所より夜な夜な女が柳原の土手の辻番〱に集まったという記載の後に、次のごとく記している。

我幼少の頃、皆々評判し、夕べも袖を引留るよし誰かれと咄し、(中略)女も多く成て、喧嘩等出来て、番や其処の家持中より相止ける、今はみち〱なりて下賤になりし

作者は元禄二年の生まれで幼少の頃とは、十歳頃の記憶であろう。夜鷹の出没が評判に

なり、見物人も出たようである。「世の能き時節」であったが、喧嘩などでのもめごとも多くなり、道の至るところに夜鷹もふえ風紀も下賤になったというのである。

西川如見の『華夷通商考』をもじった江戸の遊里地誌『(異本)華里通商考』(延享五年刊カ)は、巻頭に吉原を「大国ニテ凡傾国第一ノ地也」として、品川・氷川・踊子・比丘尼・呼出(山猫)・けころの国に続いて、夜発について述べている。けころは茶屋女の下級遊女。

○夜発国

此国至て毒湿多し。トウヘンボクト云木を生ず。又糸瓜といふ草多し。いずれも夕ハケの根のごとく〳〵はびこり。米穀生ぜず。常に雪花菜飯ケンドンのみを喰ふ、鮫ヶ橋樹木谷。皆同じ。人倫類にあらず色ドス色にして、甚青臭し。クロンボノドテラを着し、年十四五さいより六十七十さいまで振袖を用ひ道路に立て行人を攫み押売をする無法国なり。按ずるに此国へ行ク者必鼻を失ふて帰ル夷国なれども二六時中の鐘在て撞しむ

夜発国は毒気蔓延のところであり、その地では、役立たず者、またぶらぶら歩きのつま

らない〈へちまもの〉愚かな者たちが集まる。おからを混ぜた飯やうどんばかりで米の飯など食べることもない。鮫ケ橋や本所入江町の鐘撞町（本郷の大根畑も樹木谷あるいは地獄谷などともいう）などにいる娼婦もおなじである。下賤な姿は人間などとは思われない。ドス黒い色で悪臭を漂わせ、垢のしみた汚れた黒いどてらを着ている。年の頃は十四、五から六、七十である。娘仕立ての振袖を着て道に出て、押し売りし袖をつかみ引っ張るなど、無法国ともいうべきである。ここへやって来る者は必ずや梅毒により鼻を欠いて帰るであろう。ここは日中、年中休みがない。

馬場文耕作『当世武野俗談』（宝暦七年成）は、夜鷹の売春地域を述べて、「鮫ケ橋、本所、浅草堂前、此三ヶ所より出て色を売、此徒人別四千に及ぶと云」とある。また、同書には、本所入江町の夜鷹の差配人道源吉五郎なるもののことが記されている。
「此れ町内の口利にて」、喧嘩や公事訴訟ごとがあると、町内の代表として活躍した。この男が、

> 夜見勢の女郎一人に、行燈一ッ火を灯（とぼ）しさへすると、女郎口銭一人前より鳥目（てうもく）四文づつ、吉五郎へ取らせりけり、千三百余人より四文ヅヽを取ける事、毎夜にして莫

> 大なり、吉田町、かねつき堂、入江町、長倉町、新道、夥敷夜発の数有、猪の堀とい所に、船まんぢうとて多くあり、是等をかけて千三百余人有事なり、されば、吉五郎大金持となりけるを、去る頃、其悪逆現はれ、公辺へとられ品川にて獄門に行はれけり

とある。

吉五郎は夜鷹の差配の主人といった存在である。夜鷹の売価は、二十四文というのが通例である。そこから四文をピンハネして大儲けして獄門になったという話である。また、ここで示されているように夜鷹は独立的流れ仕事の売春ではなく、組織に組み込まれた売春営業であることがわかる。

この話は、この後、吉五郎の女房が獄門首を、品川、鈴ヶ森から奪い返し本所の本仏寺に埋葬したという武勇伝？　が続く。

雑俳に「大部屋へとや出の鷹を連れて来る」という句がある。とやは鳥屋（梅毒などで頭髪が抜け落ちた遊女を治療などの目的のため一時的に閉じ込めた部屋）。大部屋は、大名・旗本の屋敷で、下男・中間・奴などが居た部屋。客も取れなくなった夜鷹を大部屋に連れてく

るという意味であろうか、また、夜鷹の上得意が大部屋住みの下級武士たちであったことをいうのであろう。「大部屋で泊まった夜鷹ふりで逃げ」といった句もある。ふりは、腰巻もつけない状態。大部屋での嫌な客たちの行為に逃げ出したのである。

夜鷹醜悪図

夜鷹は組織的隠売女であった。本拠を本所・鮫ヶ橋などあるきまった場所に置き、夜店に出張として出向いたのである。図は、文化五年（一八〇八）刊の山東京伝作『絞染五郎強勢談（しぼりそめごろうごうせいばなし）』の歌川豊国画の挿絵である（図15）。

左端の床の女は、主人公の露野で夜鷹宿に売られ、今は病（梅毒であろうか、奇病に取り付かれている）で、顔はただれ見る影もない、周りで数珠を手繰っ

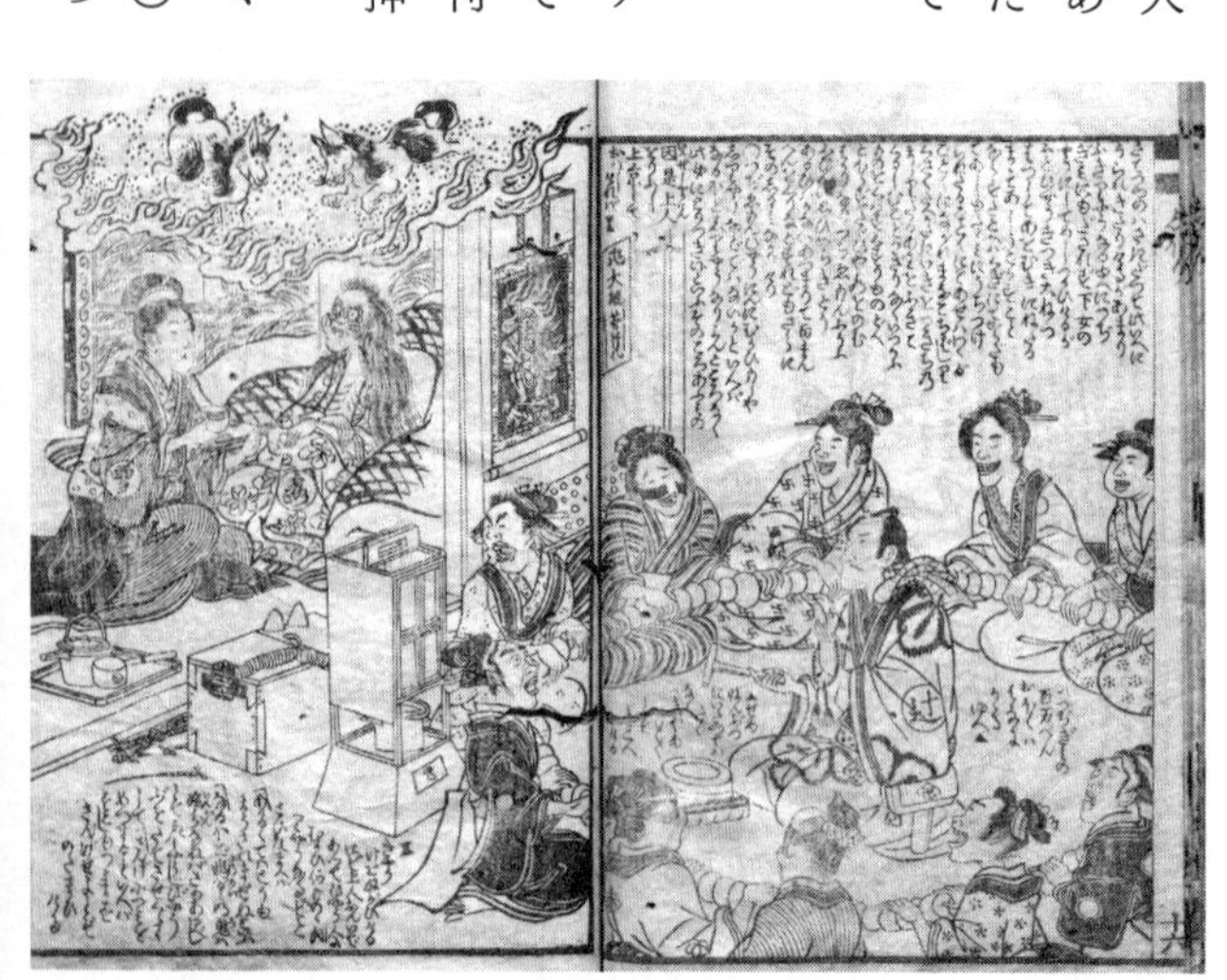

図15　醜悪に描かれた夜鷹（歌川豊国画『絞染五郎強勢談　5巻』より）
所蔵：国立国会図書館

ているのは病気平癒の百万遍を行う夜鷹たちである。詞書には、「辻君の百万遍、多くは鼻にかゝるゆへ、責念仏に到っては、たゞなふぎやあ〳〵〳〵〳〵〳〵とぞ聞へける」とある。鼻の欠けた面ぼうは、夜鷹図に多い。右側上、四人目の黒い膏薬は鼻の病の治療である。これも夜鷹図には多い。

雑俳にも「鼻塚も築くべきほど鷹はやり」「鷹の名にお花お千代はきついこと」などとある。鼻塚は耳塚ともいい、秀吉の朝鮮侵略の折に朝鮮人の首の代わりに持ち帰ったとされる鼻や耳の塚。お花お千代は「お鼻落ちよ」の意を掛ける。この絵の醜悪な面相に夜鷹たちからクレームがつけられ示談金を支払ったなどといったエピソードもある。

『吉原徒然草』上巻二十二段「万の事は月見るにこそ」の一文は、夜鷹の実相を描きながらもそこに哀れを感じさせる一文である。

> 夜たかの能は、月夜に出るものなれ。或人の「月夜ばかりよたかのかなしき事はあらじ」と言ひしに、「闇こそあはれなれ」なんぞとあらそひしこそおかしけれ。折にふれば何かはあはれならざらん
>
> 月、やみ、さら也。風の夜ぞ哀さまされり。辻番の影にたゝずめば、しかりて立せ

ず。橋の上にやすらえば、番人、時もわかず廻り、「夜のふしどにおさな子の母や尋て嘸やなくらん、ふびんや」と信田づまの浄瑠りをおもひ出せしも、又哀なりし。仮粧は鼠壁をあらそひて、提燈を見れば心かなしく店下へ隠れ、人遠く行ば又出て、所〳〵にまどひありきたるばかり、心のかなしき、此外はあらじ

夜鷹にとって月の夜であれ、闇の夜であれ、その苦しい生活に変わりはない。風の強い夜は寒さが身に染みるものだ。武家の屋敷にたたずめば、辻番に追い立てられ、橋の上でも番人がいつも見回りに来る。〈家では幼い子どもが寝床で一人母をこいしく泣いているであろう。なんと哀れなことよ〉、まるで浄瑠璃の信田妻で母を思って泣く場面を思い出す。夜鷹の化粧は、厚く灰色の鼠壁のようであり、誰かやって来て提燈を下げて照らされると悲しい思いに駆られ軒下に隠れ、人が行きすぎるとまた道にたたずみ、あちらこちらと惑い歩く。なんとこの上なくその心の悲しいことよ。

多くの夜鷹の末路も悲惨であった。文政四年（一八二一）から天保十二年（一八四一）に成立した『甲子夜話』の巻六十七には、高貴な婦人が深川に向かっていた途中、病人をのせた船に遭遇した話が載っている。

> やゝ大きなる船に、病者と覚しき婦を臥したるまま載せたり。この婦苦しげなる声して、せつなや〳〵といふ。

周りにいた男たちが程なく医者に連れて行こうと女に向かって話している。船が離れると、

> 何やらん大に水に投ずる音したれば、妾、如何かにと問ふに、同船の人言ふ。あれは今病人を水中に投じたりと。是を聞て覚へず戦慄して、流涕(りゅうてい)したりとなり。かの病婦は、世によたかと云最賤き売婦にて、年老ぬる迄かゝへ置て、それを以て己の活計とし、其末衰病に至るを、其まゝ長く置けば失費多く、又他へ遣るべき由もなき身なるに因り、欺(あざむい)て船に乗せゆき、川水に投殺せるなりとぞ。これ等固より小人輩なれど、天を畏(おそ)れざるの甚しき、遂には刑戮(けいりく)を免るべき者ならんや

等と記されている。

夜鷹を不用になったと大川に捨てた男たちに作者は死刑〈刑戮〉に値すると激しい憤り

を述べる。編者平戸藩主松浦静山隠居後の悲憤でもあろう。

夜鷹の意地

汚辱に充ちた性行為に従う夜鷹たちに、哀れみのみではなく正面から向き合った作品をあげておく。

国学者山岡浚明（やまおかまつあけ）作、宝暦三年（一七五三）刊『跖婦人伝（せきふじんでん）』は、洒落本においては、その後に続く諸作品の嚆矢ともいうべき文学史上の価値を有し、また、岡場所最盛期である宝暦の時代の開花を告げる作品である。

借金のかたに売られた姉妹。妹は吉原へ売られ、太夫高尾のもとで格子女郎の青柳となり、姉は入江町の夜鷹お跖（この名前は、『荘子』盗跖篇において大盗賊の盗跖が孔子を罵倒した由来による）となる。青柳は豪奢な吉原生活と比べ、姉の夜鷹勤めの悲惨さに同情を寄せる。また自尊心からも、「公界する身」の恥ともなると考え、高尾に頼みお跖を説得し吉原に連れ帰るならば、「河岸か伏見町の勤めでも、今の苦しみ外聞には遥かに勝る」と考える。最下級の河岸であれ、奴女郎の伏見町であれ吉原の方が、夜鷹の生活よりはるかにましであると思ったのだ。

「公界（くがい）」の代表太夫高尾と青柳は「夜鷹の苦患すくふべし」と揃って深川八幡宮の開帳にかこつけ、八文字を踏み、妹女郎の山路や禿、遣り手を従えて本所入江町に出かける（現在の墨田区四丁目、ＪＲ錦糸町駅から両国方面へ五分、北斎通りから北五分もかかるまい）。

高尾はいう。〈廓といえば、色里の総取締最高峰、今の勤めはご苦労なことも多いでしょう、お前さんほどの美人、加えて床さばきも見事なもの、情交ばかりが目的でやって来る侍屋敷の吉原の客にも受けるでしょう。鼻に抜ける声（梅毒か。病気で鼻に声が抜ける）は評判のメリヤスのようでなかなかです。是非吉原にいらっしゃい、大歓迎ですよ。お前さんを隠売女ではなく本物の遊女に仕立ててみたいものだ〉などと説得する。

高尾は上目線。見下して説得は簡単なことと考えている。これに対するお跖は舌鋒するどく毅然と応対する。〈私は一夜で、千五六百文、一夜に六〇人以上の客を相手にする身、そんなしらじらしい言葉で説得されるわけがありません。吉原の遊女の生活は、借金まみれではありませんか、楊枝一本も自分の物はないでしょう。すべてが客の懐をあてにしているだけではないですか。金に縛られ、金勘定ばかりが第一になるそんなところに粋も何もあったものではありません。私らの仲間で、お前たちのような欲得で働くようなものはいません〉。

> そも〳〵夜鷹の遊びといふは、誠に色道の真をつねとし、欲を離れて賤しき事なし。

と言葉を続け、〈私は二十四文で買われ、二十四文分の情けで答えるのです。口説くといった野暮な行動はしません。嫌なら客は来ません、嫌なら私共も相手にしません。客に嘘はありません、私の方でも手管なんてありません〉。客と夜鷹の間は、

> 只真実信の心にして、少しもかざる偽なし。偽りなきより誠なるなく、かざらぬより正直はなし。此正直なる心を以て、男と女のまじはりすれば、こゝが色道の根元にして、ちと洒落才ことながら陰陽自然の色道なり。

と述べる。

少し生意気なようだ、「洒落才」とお跖は断りを入れながらも、「そも〳〵夜鷹の遊びといふは……」の云々など、まるで歌舞伎の安宅関の弁慶の科白を聞くがごとくである。〈夜鷹と客の間こそ正直な色道の道だ〉というお跖の弁舌は強い説得力がある。

そして、お跖は「ぶ洒落な女郎の勤を捨て高尾さまも夜鷹がましなり。山路（やまぢ）様も妹諸ともにわたしが弟子にならんせ」という。これには高尾らも一言もない。図16は、左が指さすお跖、右に高尾らの一行。

> 二人の女郎は天窓（あたま）も上（あが）らず、胆（きも）をとられて、暮（くれ）正月を頼みし客の俄（にはか）に国へたつたるおもひ。取はずしたるあしたのごとく、茫然（ぼうぜん）としてたつもたゝれず。うろ〳〵するを、よふ〳〵やり手に助られて船へ逃込み、初て黄（き）なる息をつきぬ。

と結んでいる。高尾たちは、頭もあげられず、ぐったり力なく、まるで暮れや正月に来る手はずの客から国に用事がある（遊女のところに行くのを断る常套手段）なぞといわれたような気分、あるいは、客に（遊女ならしてはな

図16　お跖と高尾（山岡浚明『跖婦人伝』より）　所蔵：東京大学総合図書館

らない）本気で情交し脱力状態で朝を迎えるような気分で、力を失い立つことも出来ず、ようやく遣り手に助けられて帰りの船へ逃げ込み、そこではじめて青息吐息ならぬ黄なる息をついた状態となった。

夜鷹の吉原批判

『跖婦人伝』は、『荘子』盗跖篇のパロディである。この結末部分はそれが色濃く出た部分だ。胆をうばうのは、盗跖の行動を踏まえ、立つことも出来ないという部分は、盗跖篇の「目ハ芒然トシテ見ルコト無シ」、「黄なる息をつきぬ」は、「軾（しょく）（車の前の横木）ニ拠リ頭ヲ低シ、気ヲ出スコト能ハズ」を踏まえている。高尾に代表される吉原への批判は、盗跖の孔子に対する批判とおなじ型をとったものである。岡場所の代表としての夜鷹は、私娼の代弁者として、公儀の認める公娼の代表者高尾に反撃を食らわせたのである。

誤解を恐れずにいうならば、『跖婦人伝』の背後には、孔子を頂点とする権力思想（儒教精神に重きを置く幕府そのもの）に対し、無法者盗跖あるいは荘子の精神が一矢を報い、ややにかかる光景が広がるといってもいいのではないか。先達『跖婦人伝』の影響を受けた後続洒落本という途方もない奇妙な遊里本が、その一矢と幽かだが流れを止めない経絡の一点を共有していたことは確かであろう。

戯作にまともな回答を求めるのはお門違いである。だが、本書の後半「色説序」に記された「（夜鷹が）葭簀（よしず）がこひの（売春の時間に制限のない、何人もの客を取る）切り売りして、（吉原をたとえる）寂光浄土の揚屋を見くだし。釣り髭した（武家の）奴子を相手に、真実自然の情を悟る」との一言は、隠売女とよばれ卑賤視された女性たちへのリスペクトにも似た一石であった。

江戸の裏表を忌憚なく述べ、遂には江戸払いになった寺門静軒は、『江戸繁昌記』の本所について語る部分で下品な情交の場面を記した後で、〈運命論を説き、貴きものにも、賤しいものにも際限がない。しかし、均等なものは女郎の世界であり、高位の遊女と夜鷹は同じことだといい、ともに女郎に違いはない。吉原最高位の昼三（昼夜通しの揚げ代金が、一両の四分の三の「三分」の売価からいう）から、夜鷹まで、各々の程度に女郎が数えきれないほどいる。しかし、その男女の情愛に変わることはない。それぞれに応じた相手がいる。上を買おうと下を買おうと、その楽しみは一つである。その故に夜鷹の存在があるのだ〉と述べる。

そして、寺門静軒は、「夜発より昼三に至まで、買ひ遍（あまね）くせざれば、即ち未だ真に風情（ふぜい）を知る者と称するに足らず」と述べている。これは性の平等概念といってもいいものであろう。静軒の思想遍歴に老荘思想を垣間見ることは容易である。『跖婦人伝』の思想は、幕末に至るまで継承されたといっていいであろう。しかし、それは思想の継承といった表現のみではあたってはいない。

静軒は、この一文に続けて本所、吉田が夜鷹の巣窟であると述べてその実態を描いていく。その中で、「老妓の流落、悪疾を担ふ者、猶故轍（従来のやりかたの売春行為）を守って、以て余生を送る」と記し、次に時代状況の変化を、「今は即ち必ずしも然らず。青年妙齢、頗る姿色ある者、往々これあり。亦命の奈んともすることなきに出づるか」と嘆息している。

この嘆息の意味するところは重い。老齢の夜鷹ばかりではない若く美しい女性までが夜鷹になっているというのである。幕末期、夜鷹はその実態を変えたのである。

寺門静軒が、『江戸繁昌記』で、本所のことを書いた「五編」は、天保の改革の直前であろう。静軒が、筆禍により追放となったのは、天保十三年（一八四二）の時である。既に述べたように、天保の改革は、深川を筆頭に岡場所を一掃した。もちろん夜鷹もこの禁令の厳しい取り締まりにあった。しかし、改革は、天保十四年の水野忠邦の失脚によって、その効力を水泡に帰し、〈無法〉な風俗は、夜の巷で大手をふるうようになる。その先鋒は夜鷹であった。

不死身の夜鷹

天保の改革以降、いち早く活況を呈したのは、夜鷹の世界であった。

当時の風俗を書き残した『藤岡屋日記』などによれば、岡場所の代表格深川などが、天保の改革から立ち上がるのが嘉永元年（一八四八）頃からであるのに対して、改革が失敗した天保十四年の翌十五年（弘化元年　一八四四）の夏には、早くも夜鷹が立つようになり人気を博したというのである。

以下『藤岡屋日記』には（注48）、

○十一月廿七日　今晩より両国ゑ夜鷹五人初て出ル也、大繁昌にして五十文宛なりとの評判也。尤出ルニハ諸方ゑ付とゞけ百両も懸りしよしなり、其後采女（うねめ）が原ゑも出る也（天保十五年）

とある。

定の二十四文の売価は五十文に値上がりしている。付け届け百両は、お役人への賄賂であろう。お目こぼしを願ったということである。両国は回向院前あたりか、采女が原は、松平家の屋敷跡、銀座五丁目のあたり、いずれも広場で歓楽地として栄えたところである。

翌年の弘化二年には、「東辻君花の名寄」と題してやや長文の記事がある。夜鷹の歴史を記し、夜鷹の出る場所また夜鷹を抱える場所、さらに同居人（ぎう）が女性たちを差配することを述べたあとで、「然ル処ニ天保十三寅年中、市中端〻料理茶屋・水茶屋名目ニて、隠し売女渡世之者共、残らず吉原一廓ニ被仰付、外ニハ渡世替致し候処に」と、改革のケイドウで夜鷹が吉原に送られた。ところが、改革が頓挫すると〈天保十五年八、九月頃から、「東両国広小路床見世後ぇ両三人、木挽町采女ケ原へ同断差出、夫より追々場所相増し候」〉と夜鷹が増えた。これに対して人々は、〈しばらく出没しなかった夜鷹に興味津々、「貴賤ニ限らず見物大群集」し、周囲には夜鷹そばを始め寿し・おでん・燗酒などの屋台が出て繁昌した〉というのである。幕末の乱痴気とでもいうべき風俗模様である。夜鷹のランキング案内とでも称すべき刷り物も紹介されている。これも評判をよび、三日で売り切れたと記す。その中で最も数の多いのは東両国で、十六歳から三十八歳まで。上品五人、中品四人、下品三人の名前が載っている。場所は、筋違御門外、永代橋、浅草御門内、本所二ツ目、赤坂御門外、芝切通しなど、年齢では五十七歳が最高齢である。

また、同書では、深川の〈すわり夜鷹〉のことを、

> 十月二日夜より、深川八幡表門前、川向あひる居見世有よし、跡ゑさゝやかなる仮家を作りて、すわり夜鷹と唱し、遊女七人出る也。花代百廿四文也、是切見世の真似故に居り夜鷹と唱し、勤は廿四文にて、外に百文は客より相対にて貰ふ由、右久々にて出し故に珍らしく、殊之外繁昌致し、右場処賑ひて法会（ほうえ）之如く、諸人群集（ぐんじゅ）致す故に往来えは商人迄出る也、右に付、是にて故障も無之に於ては切見せに致し候積り之処、惜しい哉、纔（わずか）に三日にして、同四日表向之御沙汰は無之候得共、御仁政を以、内々取払申付る也、四日昼八ッ時に取払也。

と記す。

深川のあひるには、仮家の見世を出して夜鷹が並んだ。これは茣蓙をかかえ流し歩く夜鷹のスタイルではない。売価は一通り決まった二十四文はそのままで、他に百文をとった。

これは客と相談のうえで決まったというのである。そのにぎわいは、お寺の開帳などの行事のようであった。特に混乱もなく新たな夜鷹の様相は支障もなくスムースにいった。これをそのまま店構えをつけ切見世にしようとした。ところが、あまりのにぎわいに、「御仁政」の役人たちもたまりかねたのであろう。四日後に取り締まりで取り払われたというのである。上野の路上で古本を売っていたという筆者は、「惜しいかな」と本音をもらしている。

日記には、さらに続けて、両国の名主から、夜鷹が大繁盛で先を争う客や喧嘩が絶えないので取り締まっていただきたいと、北奉行所へ願い出た話が載っている。ところが奉行所は、「夜鷹は吾等が懸かりにあらず、御鷹匠頭戸田五郎助殿へ願出と」いう仰せであった。なんともふざけた笑い話であろうが、幕府は管理統制能力をまったく欠く状態であったというべきかもしれない。もちろんたらい回しでおさまる話ではない。さらに訴えが続くと、奉行所は、「夜商売の者ハ盗賊也、召捕て出せと云」、そこで、夜鷹四人と妓夫(ぎゅう)四人を召連て出頭したところ、彼らはなかなかしたたか者で、次のように申し開き懇願する。

娘や妻に夜鷹をやらせているのは貧乏の故であり、取り締まりで吉原に行けと沙汰があっても、引っ越しも出来ない、これでは親孝行も出来ない、どうか御慈悲で親孝行が出来るようにしてほしいと願い出たのである。すると奉行は「右之訳合故」（なかなか申し立ては理に合っている）、名主に対し夜鷹たち一家に目をかけてやるように指示を出し、また、夜鷹にはその商売を所定めずに営業するようにとの沙汰があった。日記は続けて、

右之首尾故に、程なく采女が原へも夜鷹出ル也、右に付、今度深川へも居り夜鷹出ル也、同年十一月二日夜より根津宮永町西側明地へも辻遊女七人出候由、是も仮の小やを懸候よし、殊之外賑わひ候よし

と記している。

日記は風説をもとにしている。どこまでが正確か不明であるが、私娼、隠売女のもっとも典型であった夜鷹までもが、お上の認める〈公娼〉化したのだ。隠売女の黙認は時代の趨勢であった。

幕末岡場所の終焉

当時の雑俳に「木刀の鞘両国で売はじめ」とある。貧しい武士は真剣など持ち合わせる

はずもない。ようやく金目になるのは、木刀の鞘くらいしかないのである。
こんな句もある。

急なこと夜鷹を小判金で買い

銭二十四文が用意できなかった客が慌てて小判を出したというのである。いささか極端な例のような気がするが、幕末の貨幣価値の下落は極めて深刻であった。よく知られていることかもしれないが、坂本龍馬が、文久二年（一八六二）に国元を出る時の支度金は約五十両。変動相場の下落を考えて、まずは少なく見積もっても一両は二〇万円ほどである。しかし龍馬が活躍する慶応年間では、三万円ほどの価値に下がっていたであろうという。岡場所が最盛期を迎える宝暦期、茶漬けが約十二文であったのが幕末では七十二文、豆腐一丁十一文が五十文以上に跳ね上がっている。
お嬢吉三に厄落としだといわれて、大川に捨てられた娘おとせのことを思い出して欲しい。老衰した女性の夜鷹ではなく、若い娘であったのは不自然なことではなかった。客が夜鷹おとせのところに百両もの金を置き忘れたのもありえたことなのだ。

吉三の行為は非道であるに違いない、悪党の仕業であるに違いない。悪への感情のカタルシスかもしれない。見落としてはならないのは、幕末という時代である。カオスの真っただ中で幕末を迎えた荒み切った客の陶酔をいかに解釈するかだ。その視点を忘れてはなるまい。

吉原の幕末の状況は悲惨であった。吉原が凋落の一途をたどったのは、享保期からであった。吉原の歴史で注意しなければならないのは、人数的に見れば天保の改革以降、岡場所の取り潰しによって格段に増加している点である。天明期の遊女・禿の総数が、約二三〇〇人ほどであったのが、天保の改革以降は、天明期の約二倍の四四〇〇人ほどにまで膨れ上がっている。岡場所への〈ケイドウ〉による送り込みの結果であることはいうまでもない。一方、吉原では文化年間から大見世が減退し、局見世や河岸店といった安価な遊女を置く小見世の数が増大している。

式亭三馬は、文化年間の吉原について「此節吉原は甚だ不景気也」(『式亭雑記』文化八年)としるしているが、吉原の凋落は幕末において一層拍車をかける状況になる。よく知られるように遊女の折檻事件は増加。嘉永二年(一八四九)八月梅本屋抱えの遊女福岡は、折檻で責め殺されて死亡。怒った遊女一六人が放火事件を起こした(『新吉原史考』(台東区昭和三十五年）のは、弘化二年の事件とする。『性差の日本史』（集英社新書　二〇二一年）に拠った）。これらは象徴的に吉原の状況を伝えたものだ。象徴的であるが、それは人肉市場と化した氷山の一角にすぎない。吉原は、弘化二年（一八四五）から慶応三年（一八六七）までの二十二年間に六回の火災（内全焼四回）にあった。また嘉永元年（一八四八）に、吉原角町の萬屋茂吉が「遊女大安売り」の広告を出して評判となるが、これもいかに吉原がその伝統をかなぐり捨てて衰退を止めようとしたかの証左である。

東京都公文書館所蔵「東京府開設書」によれば、慶応三年（一八六七）吉原の売上金額は、八万八百両余であるのに対して、深川は約二倍の十五万両である（注48）。相次ぐ火災により（ことに安政二年の大地震による火災は深川での仮宅営業が、復興景気と相まって殷賑を極めた）、吉原の業者が深川で仮宅営業をしたことを考慮に入れなければならないが、岡場所の代表深川は、吉原を完全に凌駕したのである。

公娼の町吉原は、私娼たちであふれる町になった。岡場所は完全に公界を占拠したのである。吉原は内部崩壊したのだ。吉原は江戸幕府の崩壊とともに、元吉原以来の特権を放棄したといってもいいであろう。吉原を伝統文化の震源とよぶ時代は終わった。

それは新たな差別意識の中で、官営の公認遊郭が、上納金を拡大し、隔離管理政策を押し進めた明治維新と同時であった。新政府は公認遊郭をさらに拡大し、疑似吉原は、全国に広がる。遊女たちはさらに深い闇の近代社会に閉じ込められていったのだ。『寿阿弥の記』（『翟巣漫筆』所収）は明治元年（一八六八）、江戸を東京と改称した七月の翌月のこととして、「八月頃より深川仮宅の地を広げ、永住の娼家となりて冥加上納可差出、御調有之」と記している。

吉原の変質とともに岡場所の歴史もまた閉じた。近代の公界は暴力的に岡場所を取り込み〈苦界〉を広げたのである。

注記

注1　『此花』第十三号（大正二年十月）

注2　塚田孝編『身分的周縁と近世社会　4　都市の周縁に生きる』（吉川弘文館　二〇〇六年）・『年報都市史研究　17　遊廓社会』（山川出版社　二〇一〇年）・吉田伸之著『身分的周縁と社会＝文化構造』（部落問題研究所　二〇〇三年）など

注3　拙著『江戸遊女紀聞－売女とは呼ばせない』「第一章　公界の遊女たちの苦界」（ゆまに書房　二〇一三年）参照

注4　『風俗画報』二百三十五号（明治三十四年七月・一九〇一年）の論説。「中流人士の風俗」

注5　海野弘著『江戸の盛り場』（青土社　一九九五年）

注6　拙著『江戸遊里盛衰記』「第五章　山の自由に群がった人々」（講談社現代新書　一九九四年）

注7　『祐清私記』（『南部叢書』第四冊　昭和三年）

注8　『初期浮世絵』（岩波書店　大正十五年）

注9　『湯女図－視線のドラマ』（『絵は語る一一』平凡社　一九九三年）

注10　藤本其山著　新版色道大鏡刊行会編『新版　色道大鏡』（八木書店　二〇〇六年）

注11　『日本の美術　風俗画の近世』（至文堂　二〇〇四年）

注12　注3『第二章第二節『源氏物語』を読む「八千代」』参照

注13　三田村鳶魚編『未刊随筆百種』（新版）第二巻（中央公論社　昭和五十一年）所収
注14　拙著『江戸遊里の記憶－苦界残影考』「第一章第四節　大門残滓」（ゆまに書房　二〇一七年）参照
注15　『江戸町触集成』第一巻（塙書房　一九九四年）所収
注16　上林豊明著『かくれさと雑考』「二、売笑婦の売買価格　その一、隠売女の入札」（磯部甲陽堂　昭和二年）所収
注17　三田村鳶魚編『未刊随筆百種』（新版）第八巻所収（中央公論社　昭和五十二年）所収
注18　石井良助著『女人差別と近世賤民』「岡場所考」（明石書店　一九九五年）参照
注19　『真山青果全集』第一六巻（講談社　一九七七年）
注20　『新燕石十種』第四巻（中央公論社　一九八一年）所収
注21　井上隆明著『平秩東作の戯作的歳月』（角川書店　平成五年）参照
注22　『日本思想大系　17　蓮如　一向一揆』（岩波書店　一九七二年）所収
注23　平賀泥水著『江戸のカルト・稲毛屋金右衛門の御蔵門徒潜入記』（日吉埜文庫　二〇一三年）参照
注24　市立函館図書館蔵『郷土資料複製叢書』二九（図書裡会　昭和五十六年）
注25　『江戸幕府財政史論』（吉川弘文館　平成八年）参照
注26　『森銑三著作集』第一巻人物篇一（中央公論社　一九七〇年）所収
注27　片倉比佐子著『天明の江戸打ちこわし』（新日本出版社　二〇〇一年）参照
注28　『列侯深秘録』（国書刊行会　大正三年）所収
注29　『伝統と現代　特集　娼婦』（学燈社　昭和四十三年十二月号）
注30　『江戸歌舞伎と女たち』（角川選書　二〇〇三年）

注31『土肥教授大学卒業二十五年祝賀論文集』（戊戌会　大正六年）

注32
＊愛知県西尾市岩瀬文庫所蔵朝倉無声編稿本『岡場所図会』
＊『故朝倉無声・花咲一男構成　雑俳川柳　江戸岡場所図会』（近世風俗研究会限定三百部　昭和三十九年）
＊石塚豊芥子作『岡場遊郭考』（天保十三年以降成立『未刊随筆百種』所収）
＊石橋真国編『かくれざと』（天保十五年刊『近世文芸叢書』第十所収）
＊高柴三雄編『花散る里』（弘化四年序『随筆文学選集』第十八所収）
＊大曲駒村編『川柳岡場所考』（書物展望社　昭和十三年）
＊田崎治雄編「宝暦期万句合と岡場所」（雑誌『古川柳研究』復刊一号　昭和二十三年）
＊磯部鎮雄編『江戸岡場所図誌』（江戸町名俚俗研究会　孔版非売品、百五〇部限定　昭和三十七年）
＊磯部鎮雄編『江戸地名俚俗字引』（江戸町名俚俗研究会　孔版非売品、百五〇部限定　昭和五十四年）

注33『洒落本大成』第二十九巻（中央公論社　一九八八年）に複製が掲載され、花咲一男著『江戸岡場所遊女百姿』（三樹書房　一九九二年）に翻字もある。これら以外にも類した数種を確認できる。本書引用は家蔵本によった。

注34『東京ふる里文庫　9』（名著出版　昭和五十三年）所収

注35 松本四郎「幕末・維新期における都市の構造」（『三井文庫論叢』第四号　一九七〇年）

注36『中村幸彦著述集』第四巻　近世小説史（中央公論社　昭和六十二年）所収

注37 水野稔校注『日本古典文学大系59　黄表紙　洒落本集』（岩波書店　昭和三十三年）所収

注38 渡辺守邦・渡辺憲司校注『新日本古典文学大系　仮名草子集』（岩波書店　一九九一年）所収

注39　山中共古著　中野三敏校訂『砂払　江戸小百科』上下（岩波文庫　一九八七年）

注40　深川区史編纂会編『江戸深川情緒の研究』（有峰書店　大正十五年）所収

注41『本所深川千住　江戸東京風俗地理4』（雄山閣　昭和四十年）

注42『文学』特集＝文学としての春本（岩波書店　1999年夏）

注43　注14　拙著「第一章　第三節　柳橋残香」参照

注44『幕末御触書集成』第五巻（岩波書店　一九九四年）

注45　永田栄二郎著（品川三業組合発行　昭和四年）

注46『養生法』（元治元年跋　一八六四年）

注47　綿谷雪著『考証　江戸八百八町』（秋田書店　昭和四十六年）参照、『東京市史稿　市街篇　第五十』明治元年十月に「今度改テ医学所附掃毒法取設ノ妓院ニ被仰付候」とある。

注48『近世庶民生活史料　藤岡屋日記　第二巻』（三一書房　一九八八年）所収

注49　横山百合子著「幕末維新期の社会と性売買の変容」（『講座明治維新第9巻　明治維新と女性』有志舎　二〇一五年）所引

あとがき――「ふないし」の弁

朝倉亀三（無声）編纂、大正五年七月『江戸趣味』創刊号で、宮武外骨は、「鮒石感」と題し「現代に反抗して『江戸趣味』の新発行を見るのは実に嬉しい」と記す。大正五年といえば、外骨が前年衆議院選挙に落選しながらも鋭い社会批判を繰り返した頃である。第一次世界大戦の最中、好景気に沸き、大正ロマンなどと浮き立ってはいたが、貧富格差の一層広がった時代だ。七月は、おさまっていたコレラが、またぶり返して人々を震撼させた時である。朝倉無声ら江戸趣味愛好家が体制への批判・皮肉と水脈を通じていることは記憶していい。

さてこの鮒石、現行の辞書類に解説はないようだが、外骨によれば、江戸城の石垣を築いた時に、大石と大石の間に小石を埋めたもので、単なる小石では興がないということで、鮒の形をした石をはめ込んだものであるという。明治十八年頃に盗まれたが、また新しい鮒石を作ってはめ込んだそうだ。

買売春史にも、洒落本などの文学研究の古くからの蓄積があり、また一方で都市史・女性史などの新しい視野で研究がある。築城に必要ないずれも大きな石である。鮒石は美形のものであるらしいが、拙著は、その間隙を埋める形の整わない雑な鮒石である。喉に引っかかる小骨のように、少しは反骨精神も盛り込んだつもりだ。

朝倉無声編浮世絵貼り交ぜの西尾市岩瀬文庫蔵「岡場所風俗絵」がある。その最初のページは、英泉画『東都名所合』の「深川新地、切穴」の図、遊女が障子の穴から客を〈のぞき〉品定めしている絵だ。たぶん無声お気に入りの一枚だったのだ。

この絵を前に前田愛先生から岡場所の話を聞いたのは二〇代後半である。先生は昭和六十二年七月に亡くなったが、生前最後の執筆は、同年十月刊行の『深川文化史の研究』(江東区)の巻頭「いきと深川」である。学恩は多大である。「のぞきで中途半端なもの書いて……」そんな先生のお叱りが聞こえる。

岡場所を横糸に江戸の裏面史への思いは述べたつもりだが、のぞき趣味の中途半端なものになった。二〇二一年三月教員退職後一年間で書き終える予定が、東京ヤクルトスワローズの快進撃に祝杯を重ねている間に、時間が過ぎた。途中、年寄りの冷や水もいいかげんにしなくてはなるまい、これで遊郭関連について書くのも終わりかなと思ったりもした。

しかし、書き終わってみるとこの半端な気持ちをもう少し持続させたいと思いだした。予定字数もかなりオーバーし多く削除した。書き残したことがあまりに多い。老骨、この本を新たな出発にし、江戸の人権問題を追ってみたいと思う。

そんな思いにさせてくれ、辛抱強く小生の怠惰に付き合ってくれた星海社の編集者持丸剛氏に心より感謝を申し上げる。

また、機関誌『性の健康』(性の健康医学財団発行)に「岡場所雑記その一-七」(二〇二一年九月より二三年三月)と題して本書の一部を連載させていただき、基礎原稿とした。わがままを許してくださった財団理事長北村唯一氏の御厚意にもふかく謝意を申し上げる。

本書、第五章「船宿から深川へ」「船頭」「中洲」と『東京人』(二〇二二年七月号)「江戸東京　水辺散歩」「遊里深川」の一部が重複している。他は書下ろしである。

二〇二三年三月　ミモザの日　渡辺憲司

江戸の岡場所　非合法〈隠売女〉の世界

二〇二三年三月二〇日　第一刷発行

著者　渡辺憲司

発行者　太田克史

編集担当　持丸剛

発行所　株式会社星海社
〒一一二-〇〇一三
東京都文京区音羽一-一七-一四　音羽YKビル四階
電話　〇三-六九〇二-一七三〇
FAX　〇三-六九〇二-一七三一
https://www.seikaisha.co.jp

発売元　株式会社講談社
〒一一二-八〇〇一
東京都文京区音羽二-一二-二一
(販売)〇三-五三九五-五八一七
(業務)〇三-五三九五-三六一五

印刷所　凸版印刷株式会社

製本所　株式会社国宝社

アートディレクター　吉岡秀典(セプテンバーカウボーイ)

デザイナー　山田知子＋門倉直美(チコルズ)

フォントディレクター　紺野慎一

校閲　鷗来堂

ISBN978-4-06-531281-0
Printed in Japan

255
SEIKAISHA SHINSHO

次世代による次世代のための

武器としての教養
星海社新書

星海社新書は、困難な時代にあっても前向きに自分の人生を切り開いていこうとする次世代の人間に向けて、ここに創刊いたします。本の力を思いきり信じて、みなさんと一緒に新しい時代の新しい価値観を創っていきたい。若い力で、世界を変えていきたいのです。

本には、その力があります。読者であるあなたが、そこから何かを読み取り、それを自らの血肉にすることができれば、一冊の本の存在によって、あなたの人生は一瞬にして変わってしまうでしょう。思考が変われば行動が変わり、行動が変われば生き方が変わります。著者をはじめ、本作りに関わる多くの人の想いがそのまま形となった、文化的遺伝子としての本には、大げさではなく、それだけの力が宿っていると思うのです。

沈下していく地盤の上で、他のみんなと一緒に身動きが取れないまま、大きな穴へと落ちていくのか？　それとも、重力に逆らって立ち上がり、前を向いて最前線で戦っていくことを選ぶのか？

星海社新書の目的は、戦うことを選んだ次世代の仲間たちに「武器としての教養」をくばることです。知的好奇心を満たすだけでなく、自らの力で未来を切り開いていくための〝武器〟としても使える知のかたちを、シリーズとしてまとめていきたいと思います。

2011年9月

星海社新書初代編集長　柿内芳文